Sara Porreca

livello A2/B1

L'ITALIANO per l'arte

Lezioni di arte e lingua italiana per stranieri

CON 10 STORIE

ALMA Edizioni

Direzione editoriale: Ciro Massimo Naddeo
Redazione: Chiara Sandri
Copertina: Lucia Cesarone
Progetto grafico: Lucia Cesarone e Gabriel de Banos
Impaginazione: Gabriel de Banos
Illustrazioni: Theo Szczepanski
Progetto audio: Vanni Cassori

Printed in Italy
ISBN 978-88-6182-624-3
Prima edizione: luglio 2020

cover pretoperola/123rf | **pagina 6** commons.wikimedia.org/w/index.php?curid=24669254 | benjaminlion/123rf | **pagina 7** vectortwins/123rf | KAILASH KUMAR /123rf | iconisa/123rf | **pagina 8** Konstantin Kirillov/123rf | andreykuzmin /123rf | belchonock/123rf | **pagina 9** rido/123rf | Michael Simons/123rf | rido/123rf | Natalia Belotelova/123rf | **pagina 11** 501room/123rf | **pagina 13** alessandro0770/123rf | **pagina 14** vectortwins/123rf | isabela66/123rf | Phichak Limprasutr/123rf | **pagina 15** Domenico Condello/123rf | **pagina 17** Patrick Guenette/123rf | **pagina 18** Michael Rosskothen/123rf | olegganko/123rf | Jeffrey Thompson/123rf | **pagina 19** 501room/123rf | **pagina 20** MONDADORI PORTFOLIO ALG174898 | Wabeno/123rf | Philip Bird/123rf | **pagina 21** Sittipong Srikanya/123rf | Ilya Averyanov/123rf | **pagina 26** Elena Odareeva/123rf | **pagina 27** MONDADORI PORTFOLIO ALG174898 | **pagina 28** MONDADORI PORTFOLIO ALG174898 | Indomercy/123rf | **pagina 30** MONDADORI PORTFOLIO ALG174898 | **pagina 34** Philip Bird/123rf | agongallud/123rf | **pagina 35** Zetwe/123rf | David Mzareulyan/123rf | **pagina 37** Jorisvo/123rf | **pagina 38** Michelangeloop/123rf | **pagina 39** Stefano Sansavini/123rf | **pagina 42** Kadriya Gatina/123rf | Natthawut Panyosaeng/123rf | Sergey Jarochkin/123rf | rclassenlayouts/123rf | marisha5/123rf | Guido Vrola/123rf | Olegdudko/123rf | Evgeniy Zakharov/123rf | **pagina 43** MONDADORI PORTFOLIO 3.5470972 | **pagina 44** Philip Bird/123rf | **pagina 46** bennymarty/123rf | Ilia Torlin/123rf | **pagina 47** Jaromir Urbanek/123rf | **pagina 48** Binkski/123rf | **pagina 55** Olga Kamieshkova/123rf | Iuliia Burlachenko/123rf | Engin Korkmaz/123rf | Prajak Poonyawatpornkul/123rf | grthirteen/123rf | tmao9ba/123rf | Steve Estvanik/123rf | zerbor/123rf | Jorge Farres Sanchez/123rf | **pagina 56** Fabrizio Annovi/123rf | **pagina 57** bennymarty/123rf | Olga Zinovskaya/123rf | **pagina 58** Lucian Milasan/123rf | **pagina 60** ssviluppo/123rf | Stefano Sansavini/123rf | **pagina 61** Igor Zakowski/123rf | Worachai Yosthamrong/123rf | **pagina 62** kritchanut/123rf | Elenabsl/123rf | **pagina 65** Alena Statsevich/123rf | **pagina 66** vvoennyy/123rf | frameangel/123rf | Siegfried Damm/123rf | Audrius Merfeldas/123rf | Cinar Yilancioglu/123rf | Liane Nothaft/123rf | gavran333/123rf | **pagina 70** Bjoern Wylezich/123rf | rastudio/123rf | **pagina 71** incomible/123rf | **pagina 72** Davide Paolo Lo Dico/123rf | **pagina 81** Aleksandra Alekseeva/123rf | **pagina 82** Stefano Armaroli/123rf | federicofoto/123rf | Ina Van Hateren/123rf | solomonjee/123rf | **pagina 83** Colin Cramm/123rf | **pagina 84** MONDADORI PORTFOLIO 03462050 | Serg_v /123rf | **pagina 85** ANTONIO ABRIGNANI/123rf | Stockyimages/123rf | **pagina 86** Ta?jana Michaljova/123rf | **pagina 88** Phakamas Aunmuang/123rf | **pagina 91** MONDADORI PORTFOLIO 03462050 | **pagina 92** Alexandr Litovchenko/123rf | **pagina 93** Florence Leandri/123rf | **pagina 94** yupiramos/123rf | Gulnar Rahimzade/123rf | **pagina 96** 5.alb3693455 2/MONDADORI PORTFOLIO | Volodymyr Melnyk/123rf | **pagina 101** Hsueh-Yi Chen/123rf | 5.alb3693455 2/MONDADORI PORTFOLIO | **pagina 102** Anton Prohorov/123rf | **pagina 103** Anton Prohorov/123rf | **pagina 104** 5.alb3693455 2/MONDADORI PORTFOLIO | **pagina 105** Andrey Pavlov/123rf | **pagina 108** Sergey Dzyuba/123rf | Simona Flamigni/123rf | **pagina 109** gstockstudio/123rf | Jaroslav Frank/123rf | pagina 110 Kostsov/123rf | **pagina 115** Andy Chisholm/123rf | Angelo D'Amico/123rf | edella/123rf | Karel Miragaya/123rf | **pagina 116** macfromlondon/123rf | **pagina 117** Phototraveller/123rf | Stefania Valvola/123rf | canbedone/123rf | gonewiththewind/123rf | **pagina 118** vogelsp/123rf | Goran Bogicevic/123rf | aimy27feb/123rf | Simona Flamigni/123rf | Sabin Albei/123rf | kho/123rf | Boris Breytman/123rf | alessandro0770/123rf | **pagina 119** Simona Flamigni/123rf | **pagina 120** Sergey Dzyuba/123rf | **pagina 122** MONDADORI PORTFOLIO 02487210 | PaylessImages -/123rf | Nopparats/123rf | **pagina 126** commons.wikimedia.org/w/index.php?curid=37620042 | **pagina 127** Maria Itina/123rf | **pagina 129** pandavector/123rf | **pagina 130** Wies?aw Jarek/123rf | Ivan Smuk/123rf | Evgenii Bashta/123rf | Michael James Fitzsimmons/123rf | vvoennyy/123rf | Zvonimir Atletic /123rf | **pagina 131** meinzahn/123rf | Ina Van Hateren/123rf | MONDADORI PORTFOLIO 02487210 | Andrea Izzotti/123rf | Andrii YURLOV/123rf | arogant/123rf - Brian Weed/123rf | **pagina 132** Ludmila Baryshnikova/123rf | Sergii Moskaliuk/123rf | Antonio Gravante/123rf | Serhiy Hnylosyr/123rf | Dmitry Kalinovsky/123rf | fabrikacrimea/123rf | Sergio Delle Vedove/123rf | anzemulec/123rf | karandaev/123rf | destinacigdem/123rf | **pagina 133** Roman Nedoshkovskiy/123rf | Ievgenii Fesenko/123rf | Jolanta Wojcicka/123rf | mrivserg/123rf | Rattasaritt Phloysungwarn/123rf | **pagina 138** Fabrizio Annovi/123rf | **pagina 139** Philip Bird/123rf | **pagina 140** Kadriya Gatina/123rf | Natthawut Panyosaeng/123rf | Sergey Jarochkin/123rf | rclassenlayouts/123rf | marisha5/123rf | Guido Vrola/123rf | Olegdudko/123rf | Evgeniy Zakharov/123rf | **pagina 141** Olga Kamieshkova/123rf | Iuliia Burlachenko/123rf | Engin Korkmaz/123rf | Prajak Poonyawatpornkul/123rf | grthirteen/123rf | tmao9ba/123rf | Steve Estvanik/123rf | zerbor/123rf | Jorge Farres Sanchez/123rf | Alexandr Litovchenko/123rf | **pagina 142** vvoennyy/123rf | frameangel/123rf | Siegfried Damm/123rf | Audrius Merfeldas/123rf | Cinar Yilancioglu/123rf | Liane Nothaft/123rf | gavran333/123rf | **pagina 145** Aleksandra Alekseeva/123rf | **pagina 146** Anton Prohorov/123rf | **pagina 147** Andrey Pavlov/123rf | **pagina 149** macfromlondon/123rf | Sergey Dzyuba/123rf | **pagina 150** Wies?aw Jarek/123rf | Ivan Smuk/123rf | Evgenii Bashta/123rf | Michael James Fitzsimmons/123rf | vvoennyy/123rf | Zvonimir Atletic /123rf | **pagina 151** Ludmila Baryshnikova/123rf | Sergii Moskaliuk/123rf | Antonio Gravante/123rf | Serhiy Hnylosyr/123rf | Dmitry Kalinovsky/123rf | fabrikacrimea/123rf | Sergio Delle Vedove/123rf | anzemulec/123rf | karandaev/123rf | destinacigdem/123rf | **pagina 153** 501room/123rf | MONDADORI PORTFOLIO ALG174898 | Philip Bird/123rf | bennymarty/123rf | MONDADORI PORTFOLIO 03462050 | 5.alb3693455 2/MONDADORI PORTFOLIO | macfromlondon/123rf | Goran Bogicevic/123rf | MONDADORI PORTFOLIO 02487210 | **pagina 154** 501room/123rf | MONDADORI PORTFOLIO ALG174898 | Philip Bird/123rf | bennymarty/123rf | **pagina 155** MONDADORI PORTFOLIO 03462050 | 5.alb3693455 2/MONDADORI PORTFOLIO | Goran Bogicevic/123rf | macfromlondon/123rf | MONDADORI PORTFOLIO 02487210 | **pagina 156** Boris Breytman /123rf | enzodeber/123rf | **pagina 157** giuseppemasci/123rf | Radim Strobl/123rf | tostphoto/123rf | Dan Grytsku/123rf

ALMA Edizioni
Viale dei Cadorna, 44
50129 Firenze
alma@almaedizioni.it
www.almaedizioni.it

INTRODUZIONE

Ami l'arte? Allora ami l'Italia!

Infatti, molte delle opere più belle del mondo le hanno create artisti italiani. Ecco perché ho pensato di raccontarti dieci storie su dieci famosissimi capolavori italiani.

Il livello va da **A2** a **B1**.

Ogni capitolo è diviso in due parti.

Nella prima parte conoscerai il mondo di un'opera, entrerai nella casa di un artista, nello studio di uno scultore, nei pensieri di un pittore... insomma, viaggerai nel tempo e nello spazio.
La narrazione ti aiuterà ad entrare nella lingua e nel mondo dell'arte italiana non solo con la mente, ma anche attraverso le emozioni. Questo è il bello delle storie!

In ogni racconto, proprio sulla stessa pagina, troverai anche un glossario – con immagini – che ti accompagnerà nella lettura.

Nella seconda parte potrai:

- verificare la tua comprensione del racconto
- approfondire la lingua (lessico e strutture grammaticali)
- esplorare le caratteristiche dell'opera, ma anche il suo contesto storico e artistico
- imparare parole ed espressioni legate all'arte e all'architettura
- conoscere qualcosa sull'artista e sul suo mondo
- ricevere qualche consiglio su viaggi e percorsi da fare in Italia, alla scoperta dei suoi capolavori artistici e architettonici

In fondo al libro troverai:

- il glossario visuale con tutte le parole e le espressioni che hai imparato
- una linea del tempo sulle dieci opere analizzate
- una linea del tempo con una selezione di opere architettoniche delle principali correnti artistiche
- una lista di link utili per chi studia o è interessato al mondo dell'arte in lingua italiana
- le soluzioni di tutte le attività che hai fatto

Su www.almaedizioni.it/litaliano-per-larte **troverai le tracce audio con la lettura dei racconti.**

E dopo questo viaggio nella bellezza, sono sicura che sarai pronto/-a ad ammirare l'Arte con un occhio... tutto italiano!

L'autrice

INDICE

1. IL PRIMO GIORNO DEL COLOSSEO

TRACCIA 01

Dalla vera storia dei gladiatori Prisco e Vero.

X giugno, 80 d.C.

L'imperatore Tito ha organizzato le celebrazioni per l'Anfiteatro Flavio. L'arena più grande dell'impero apre oggi le sue porte al pubblico per cento giorni di spettacoli, combattimenti e giochi.

Prisco non ha dormito. Combattere di nuovo a Roma è un onore, ma è anche nervoso.

Apre la finestra. È mattina. Di fronte a lui c'è il foro. In dieci anni è cambiato molto: la domus aurea di Nerone non c'è più e anche la sua statua ha cambiato faccia. Ora è Helios, dio del sole.

La piazza è già piena di gente. Moltissime persone sono arrivate da tutto l'impero per ammirare l'anfiteatro. Ha una forma a ellisse e arcate su tre piani.

DOMUS AUREA

("casa d'oro") la ricca e grandissima villa dell'imperatore Nerone; si chiama così perché aveva molti elementi fatti con questo prezioso metallo.

ELLISSE

NOTE

GLADIATORI

uomini (spesso schiavi) che combattevano per il divertimento del pubblico.

PUBBLICO

le persone che guardano uno spettacolo.

COMBATTIMENTI

due parti (uomini, animali, eserciti, ecc.) in uno scontro, in una lotta ufficiale.

FORO

centro, luogo di incontro di tutti i cittadini di una città romana.

È tutto bianco, in marmo di travertino, ma le statue sotto gli archi sono dorate.

– Sembra il bracciale di una dea – pensa Prisco.

Sulla strada verso l'anfiteatro il gladiatore racconta ai suoi compagni di squadra la sua prima volta nella capitale.

– Ci sono venuto con Vero.
– Vuoi dire Vero il famoso gladiatore?! – chiede Caio, il più giovane del gruppo. Vero è il suo idolo.
– Sì. Ci siamo conosciuti a Tivoli – spiega Prisco – Lavoravamo come schiavi in una cava di marmo. Lo stesso marmo che vedete ora di fronte a voi. Poi, un giorno, un uomo è venuto da Roma per scegliere dei gladiatori. Ha scelto me, ma non Vero... e così lui mi ha colpito.
– Chi, Vero?
– Sì! Abbiamo combattuto davanti a tutti per un'ora. Allora l'uomo ha cambiato idea e ha preso anche lui. Siamo arrivati a Roma insieme e siamo diventati gladiatori insieme. La nostra amicizia è nata così. Poi, un giorno, mi hanno venduto e sono partito per il Sud. Non ci siamo mai più visti...
– E lui è rimasto qui?
– Non lo so, forse.
– Ma se Vero è ancora a Roma...
– ...oggi sarà un nostro avversario.

Tutti i gladiatori sono arrivati all'arena. Animali e uomini aspettano di entrare per la sfilata.

MARMO DI TRAVERTINO

DORATE
coperte di oro.

BRACCIALE

DEA
divinità femminile (maschile: dio).

SQUADRA
gruppo di persone con lo stesso obiettivo o compito; si usa molto nello sport: *squadra di calcio*.

IDOLO
oggetto o immagine con poteri divini; in questo caso significa che Caio adora Vero e lo considera quasi un dio.

TIVOLI
piccola città fuori Roma.

SCHIAVI
persone con un padrone, senza libertà.

CAVA
luogo naturale dove si prendono materiali per costruire palazzi, monumenti, ecc.

HA COLPITO

(inf. *colpire*)

AVVERSARIO
"nemico" in una competizione o persona di un'altra squadra.

SFILATA
presentazione dove si mostra a un pubblico qualcosa: *sfilata di moda*.

La tribuna imperiale è ancora vuota, ma sulle gradinate sono arrivati molti spettatori. L'attico invece è già pieno di gente.

L'imperatore Tito entra nell'arena.
Lo spettacolo può iniziare.

Musicisti, ballerini e attori. Schiavi, criminali e gladiatori.
Mondi opposti camminano insieme per la presentazione iniziale.
La morte e la vita, l'orrore e la bellezza.

A pranzo le varie squadre mangiano in una grande mensa.
Prima di sedersi al suo tavolo, Prisco vede Vero, dall'altra parte della sala. È insieme ai suoi compagni della squadra di Roma.
Prisco non può parlare con lui: ogni gruppo deve restare al suo tavolo.

Arriva il momento di tornare nell'arena. Iniziano i combattimenti.
Prisco sente da fuori il rumore delle spade e degli scudi, i corpi che cadono, la gente che applaude.

– Quando combatti da tanto tempo – spiega a Caio, mentre aspettano il loro turno – conosci tutte le fasi del combattimento. Da ogni rumore puoi capire la posizione del gladiatore, le sue armi, il suo stile.
– E Vero, secondo te, ha già combattuto?
– No.

Uno schiavo chiama Prisco – Vieni, è il tuo turno.

TRIBUNA IMPERIALE
spazio riservato all'imperatore (in latino *pulvinar*).

SPETTATORI
persone che guardano uno spettacolo.

CRIMINALI
persone che hanno fatto qualcosa contro la legge.

OPPOSTI
di due parti in opposizione, contrari.

ORRORE
una cosa o un fenomeno molto brutto, orribile, che crea un sentimento di paura e rifiuto.

MENSA
luogo dove si mangia, in strutture particolari (scuole, fabbriche, aziende, ecc.).

RUMORE
suono non musicale: *rumore del treno.*

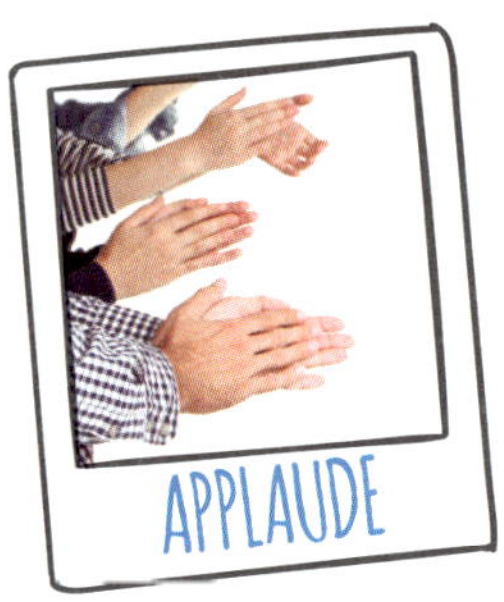

(inf. *applaudire*)

TURNO
in questo caso: *il momento di entrare.*

ARMI
oggetti per combattere, a volte per uccidere (spade, pistole, bombe, ecc.).

Prisco entra nell'arena. Tutti gridano il suo nome. Poi entra il suo avversario.
È Vero! Prisco sorride, ma il suo cuore no. Prende la spada e corre. Il suo amico fa la stessa cosa.

Il combattimento tra i gladiatori più forti dell'impero è cominciato.

Le ore passano, ma Prisco e Vero continuano a combattere. Sono feriti, sono stanchi, ma nessuno dei due riesce a vincere.

Il combattimento sembra senza fine.

Poi, il silenzio. Tito ha ascoltato il suo popolo e ha fermato i due gladiatori. Prisco e Vero sono in piedi di fronte alla tribuna imperiale. L'imperatore fa un gesto con la mano. La gente applaude: nessun perdente, la vittoria sarà per entrambi!

Vero abbraccia Prisco.

– Sono contento di rivederti...
– Anche io, amico mio.

Tutti e due piangono di gioia.

Per loro quella vittoria significa una cosa sola: da oggi non saranno più schiavi, ma uomini liberi.

▶ ispirazioni: libro "*De spectaculis*" di Marziale, docu-drama "*Il Colosseo: arena della morte*" di Tilman Remme (BBC)

SORRIDE

(inf. *sorridere*)

SONO FERITI

hanno punti del corpo con dolore e sangue.

IN PIEDI

in piedi ≠ seduto

SEDUTO

PERDENTE

che ha perso in un confronto o in una lotta (perdente ≠ vincitore).

VITTORIA

in una competizione o in un combattimento, la superiorità di una parte sull'altra (vittoria ≠ sconfitta).

ENTRAMBI

tutti e due.

ABBRACCIA

(inf. *abbracciare*)

UOMINI LIBERI

a volte, quando i gladiatori vincevano, come in questo caso, riottenevano la loro libertà.

PIANGONO DI GIOIA

(inf. *piangere*)

ATTIVITÀ

1 • L'opzione corretta *Leggi il racconto e poi completa le frasi con l'opzione corretta.*

1. I giochi festeggiano
a. ☐ l'apertura dell'anfiteatro.
b. ☐ il compleanno dell'imperatore.

2. Prisco
a. ☐ combatte per la prima volta a Roma.
b. ☐ ha già combattuto a Roma.

3. Nell'anfiteatro
a. ☐ le statue non sono bianche.
b. ☐ le arcate sono sui quattro piani.

4. Vero e Prisco
a. ☐ si sono incontrati a Roma per la prima volta.
b. ☐ sono diventati gladiatori a Roma.

5. Vero e Prisco
a. ☐ sono amici.
b. ☐ sono nella stessa squadra.

6. A pranzo
a. ☐ ogni squadra ha il suo tavolo.
b. ☐ ogni gladiatore sceglie il suo tavolo.

7. Prisco e Vero
a. ☐ entrano nell'arena insieme.
b. ☐ combattono nell'arena per ore.

8. Il popolo
a. ☐ vuole fermare il combattimento.
b. ☐ vuole la morte di uno dei gladiatori.

9. Prisco e Vero
a. ☐ vincono tutti e due.
b. ☐ perdono entrambi.

10. Dopo la lotta i due gladiatori
a. ☐ non combatteranno più.
b. ☐ ricevono la libertà.

2 • Prisco è nervoso *Completa le frasi con l'aggettivo giusto alla forma giusta.*

commosso | disperato | distratto | entusiasta | furioso | sorpreso | spaventato

a. Quando Vespasiano ha visitato il suo anfiteatro per la prima volta, era ________________: aveva le lacrime agli occhi.

b. Che strano, l'imperatrice non sta guardando lo spettacolo, sembra ________________.

c. Nerone aveva un carattere difficile; spesso era ______________ senza motivo.

d. Quando Vero ha incontrato Prisco nell'arena era davvero ______________: il suo avversario era... il suo migliore amico!

e. A volte gli animali non volevano entrare nell'arena: erano troppo ________________ dai rumori e dalle voci del pubblico.

f. Dopo il grande incendio del 64. d.C. molti romani erano ______________ perché non avevano più una casa.

g. Il primo giorno dei giochi inaugurali nell'80 d.C. è stato un successo, l'imperatore era ________________.

3 • Lavoravamo come schiavi poi è venuto un uomo... *Per raccontare in italiano ci sono soprattutto due tipi di passato: l'imperfetto* (**lavoravamo**) *e il passato prossimo* (**è venuto**). *Ti ricordi come si usa l'imperfetto? Guarda le funzioni nella colonna sinistra e cerca l'esempio giusto nella colonna destra.*

FUNZIONE	ESEMPIO
1. un'abitudine nel passato	a. L'anfiteatro Flavio aveva una forma ellittica ed era alto quasi 50 metri.
2. una descrizione o una situazione nel passato	b. I Romani ricchi andavano alle terme tutti i giorni.
3. due azioni contemporanee nel passato	c. Mentre Prisco e Vero combattevano, l'imperatore ha fatto un gesto con la mano.
4. un'azione prolungata + un'azione momentanea	d. Mentre i gladiatori combattevano, il pubblico applaudiva.

LO SAI CHE...

L'anfiteatro Flavio è per tutti il **Colosseo**. Ma da dove viene questo nome? Arriva nel Medioevo e per molti studiosi l'origine è legata alle sue dimensioni *colossali* (e cioè *grandissime*) oppure al colosso di Nerone, la statua (*grandissima*) che si trovava di fianco all'anfiteatro.

Per altri il nome viene dalla frase latina "Colis Eum?" *Adori Lui?* (Lui era il Diavolo). Infatti, dicono che nel Medioevo dentro il Colosseo si adorava in segreto il diavolo e questa domanda era per le persone che volevano partecipare e che dovevano rispondere "Eum colo" *(Lo adoro)*.

ATTIVITÀ

4 • La rivoluzione architettonica di Vespasiano *Guarda l'immagine del foro ai tempi di Nerone. Poi leggi il testo e completa gli spazi con le parole adatte.*

anfiteatro | area | colosso | costruzione | domus aurea | ingresso | statua | struttura

Per le fondamenta[1] del suo _______________ l'imperatore Vespasiano sceglie la _______________ di Nerone, in particolare il luogo dove c'era il lago artificiale.
Infatti, ha la forma e la profondità giuste per la _______________ di una struttura così grande.
E poi il suo gesto è anche simbolico: vuole ridare ai romani quell'_______________ così importante della città.
Il nuovo imperatore elimina tutta la _______________ architettonica della domus aurea ma conserva il _______________, la grande _______________ che era all'_______________ della reggia dell'ex imperatore. Cambia però il volto: diventa il dio Sole. E la posizione: lo mette di fianco all'anfiteatro.

[1] fondamenta: le basi di una costruzione architettonica.

L'ANFITEATRO

grande costruzione all'aperto a forma di ellisse

IL VELARIO

tende per riparare i teatri e gli anfiteatri dal sole (in latino *velarium*)

IL PULVINAR

tribuna imperiale nei teatri, negli anfiteatri e nei circhi

LA CAVEA

gradinate per il pubblico nei teatri e negli anfiteatri

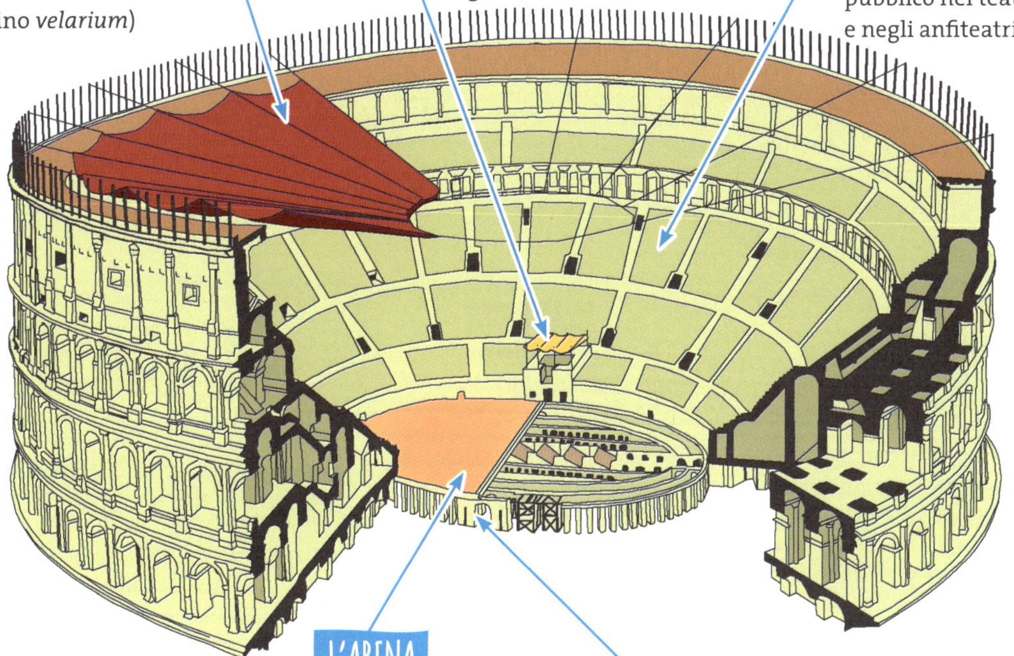

L'ARENA

spazio per gli spettacoli al centro di teatri, anfiteatri e circhi

I SOTTERRANEI

spazi sotto all'arena

APPUNTI DI STORIA DELL'ARTE

Le Mura Aureliane

L'imperatore Aureliano costruisce nel III secolo d.C. una fortificazione per difendere l'Impero Romano, ormai debole.

Le Mura Aureliane hanno difeso la città per 1600 anni e sono il più grande monumento di Roma: sono lunghe quasi 19 chilometri e hanno più di cento milioni di mattoni fatti a mano!

Hanno 381 torri e 18 porte (alcune molto famose come Porta del Popolo, Porta Pinciana, Porta Maggiore e Porta Latina).

Per risparmiare tempo e denaro Aureliano ha deciso di includere monumenti già esistenti: acquedotti, anfiteatri, strutture militari, tombe, ville, ecc.

Nel V secolo d.C. l'imperatore Onorio ingrandisce le mura (diventano molto più alte e più larghe) e fa costruire anche una galleria interna.

ALTRE ARCHITETTURE

IL TEATRO

costruzione all'aperto per gli spettacoli teatrali (la sua forma è la metà di un anfiteatro)

Teatro Marcello

IL CIRCO

grande costruzione all'aperto per la corsa dei cavalli

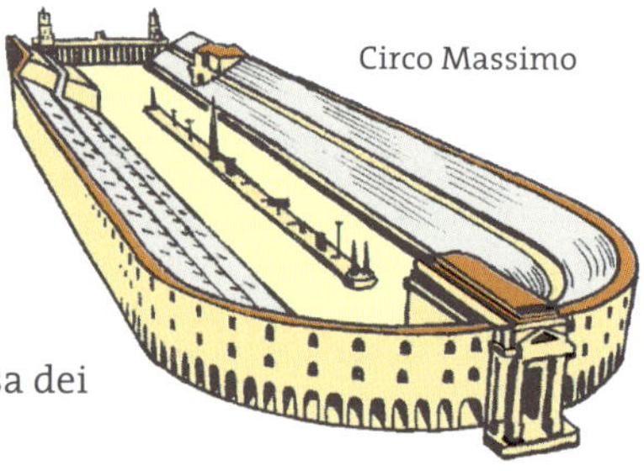

Circo Massimo

LE TERME

edifici pubblici per fare il bagno, rilassarsi e curare il corpo con l'acqua termale – sorgenti naturali di acqua calda

Terme di Caracalla

LA BASILICA

grande edificio che si apriva sul foro dove si facevano riunioni e si gestiva la giustizia

Basilica di Massenzio

IL TEMPIO

luogo sacro per le cerimonie e le preghiere dedicato a uno o più dèi

Pantheon

L'ACQUEDOTTO

sistema per la distribuzione dell'acqua in una zona della città

Acquedotto romano

5 • È tutto bianco, in marmo di travertino *Associa i nomi dei materiali alle immagini.*

laterizio | **marmo** | **tufo**

a. ________________

b. ________________

c. ________________

GLI ELEMENTI ARCHITETTONICI (PRIMA PARTE)

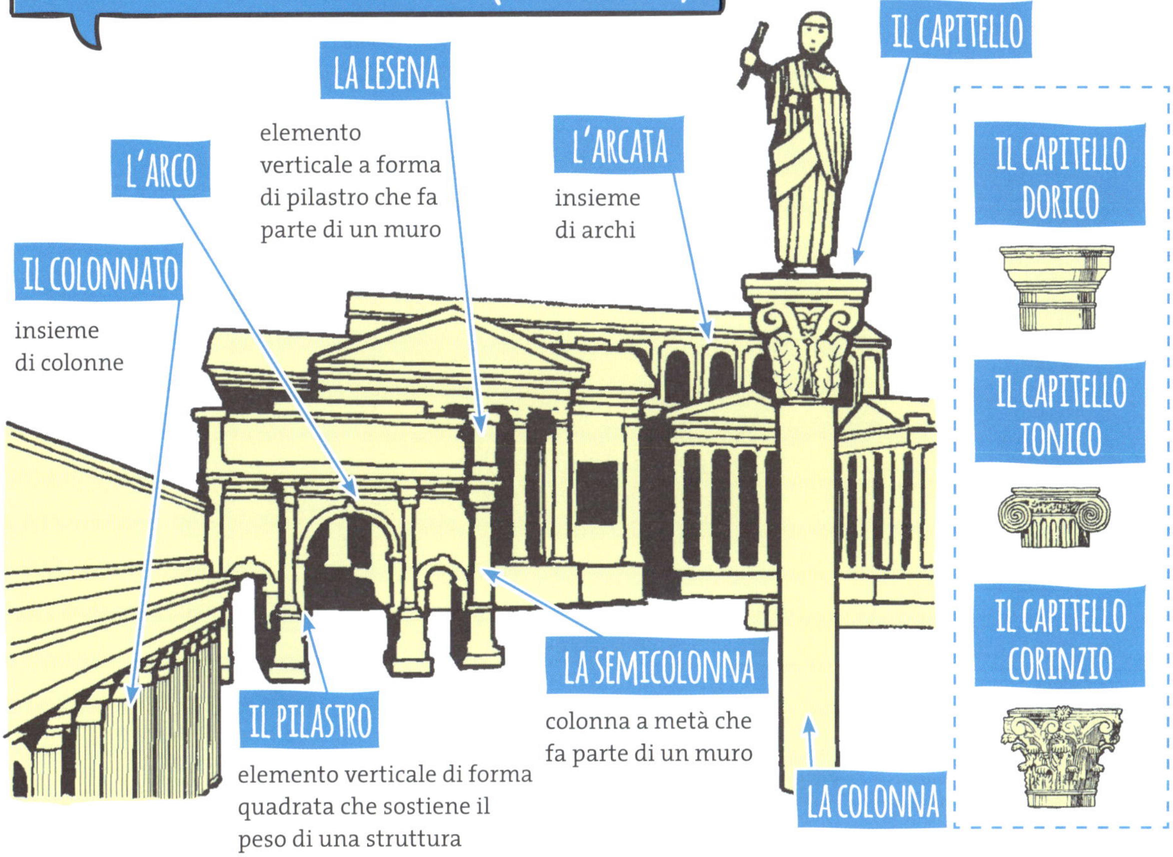

6 • La facciata del Colosseo oggi *Guarda il disegno e scrivi gli elementi architettonici.*

lesene | pilastri | semicolonne

a. ______________________

b. ______________________

c. ______________________

7 • L'architettura del Colosseo *Leggi la descrizione dell'anfiteatro Flavio e completa il testo con le espressioni adatte.*

arcate | arena | attico | capitelli (x3) | cavea | corridoi | ellisse | facciata lesene | parete | pilastri | scale | scudi | semicolonne | statua | velarium

Il Colosseo ha la forma di un'________________.
Gli elementi principali della ________________ esterna sono tre piani di ________________ e un quarto piano, a ________________ piena.
Al centro dell'anfiteatro c'è l'________________.
Tutti i piani hanno ________________ e ________________ (o ________________ per il quarto piano). Sulle semicolonne del primo piano ci sono ________________ dorici, su quelle del secondo ci sono ________________ ionici e su quelle del terzo ________________ corinzi.
Sotto ogni arcata del secondo e del terzo piano c'è una ________________ in bronzo dorato.
Al quarto piano, che si chiama ________________, ci sono tra le lesene in alternanza degli ________________ in bronzo dorato e delle piccole finestre per sostenere il ________________.
Passando sotto le arcate arriviamo alle ________________ e ai ________________ per raggiungere la ________________ attraverso i vomitoria[1].

[1] vomitoria: tutte le entrate nella cavea nei teatri e negli anfiteatri romani.

LA DATAZIONE E I SECOLI

Nella storia antica d'Occidente il sistema di datazione si basa sulla nascita di *Cristo*. Gli anni prima della nascita si chiamano *avanti Cristo*: **a.C.**, quelli dopo la nascita si chiamano *dopo Cristo*: **d.C.** Quindi il grande incendio del **64 d.C.** è successo nel **I secolo d.C.** (*primo secolo dopo Cristo*). Cesare è vissuto **dal 100 a.C. al 44 a.C.**, quindi nel **I secolo a.C.** (*primo secolo avanti Cristo*) Il primo imperatore, Ottaviano Augusto, è vissuto **dal 63 a.C. al 14 d.C.**, quindi tra il **I secolo a.C.** e il **I secolo d.C.** (si dice anche *a cavallo tra il primo secolo avanti Cristo e il primo secolo dopo Cristo*). L'imperatore Adriano è morto nel **138 d.C.** quindi nella **prima metà del II secolo d.C.**

ATTENZIONE:

1) gli anni prima di Cristo vanno dal maggiore al minore fino all'anno 1 a.C.
2) quando abbiamo un anno, per capire di quale secolo parliamo, basta aggiungere un'unità alla cifra di quell'anno. Osserva la tabella a destra.

anno	secolo
(0)64	I sec. (primo secolo)
138	II sec. (secondo secolo)
241	III sec. (terzo secolo)
356	IV sec. (quarto secolo)

3) per indicare i secoli dall'anno 1200 fino al 1999 si può anche fare così:
   Il secolo **dal 1200 al 1299** è **il Duecento**.
   Il secolo **dal 1300 al 1399** è **il Trecento**.
   Il secolo **dal 1400 al 1499** è **il Quattrocento**.
   ecc.

8 • Che secolo è? *Collega gli imperatori con i secoli.*

IMPERATORI

Caligola
(37 d.C. – 41 d.C.)

Nerone
(54 d.C. – 68 d.C.)

Adriano
(117 d.C. – 138 d.C.)

Marco Aurelio
(161 d.C. – 180 d.C.)

SECOLI

fine del III secolo d.C.

seconda metà del I secolo d.C.

prima metà del IV secolo d.C.

seconda metà del II secolo d.C.

prima metà del III secolo d.C.

prima metà del I secolo d.C.

prima metà del II secolo d.C.

IMPERATORI

Caracalla
(211 d.C. – 217 d.C.)

Diocleziano
(284 d.C. – 286 d.C.)

Costantino I
(307 d.C. – 337 d.C.)

9 • Ti ricordi di questi monumenti? *Associa i nomi alle immagini.*

Acquedotto romano | **Basilica di Massenzio** | **Circo Massimo**
Pantheon | **Teatro Marcello** | **Terme di Caracalla**

a. ______________________

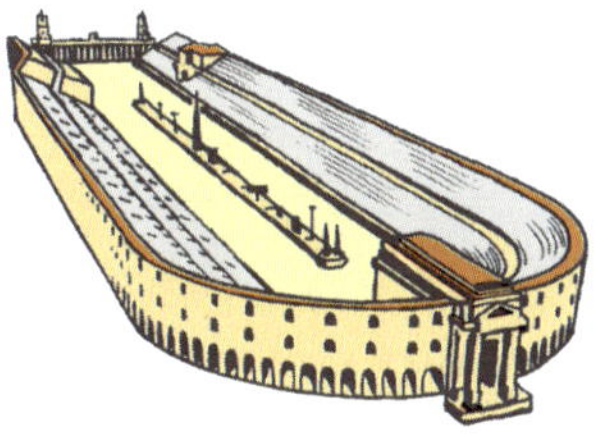
b. ______________________

c. ______________________

d. ______________________

e. ______________________

f. ______________________

ATTIVITÀ

LO SAI CHE...

In occasione dei giochi, i romani trascorrevano un'intera giornata al Colosseo.

alba (quando sorge il sole)	Si entra! Ogni spettatore ha una tessera di legno con un numero che corrisponde a un posto in cavea. L'entrata è gratuita. In basso ci sono le classi più ricche, in alto quelle più povere.
mattina	• sfilata di presentazione dei giochi • combattimenti tra animali di diversa specie o tra animali e uomini
pranzo	Le condanne[1] a morte. A volte i criminali sono in costume e si sceglie la storia di un mito (Icaro, Orfeo, Prometeo, Teseo, ecc.) per inserire il condannato in uno "spettacolo".
pomeriggio	Combattimenti tra gladiatori. Il vincitore riceve una foglia di palma[2] e la spada di legno[3], simboli di vittoria. Non sempre alla fine del combattimento c'è una morte, a volte l'imperatore ascolta i desideri del pubblico e salva chi ha perso (soprattutto se è un gladiatore famoso).

[1]condanne: punizioni per azioni contro la legge (in questo caso la punizione è la morte). • [2] 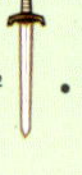 • [3] 

Vuoi ammirare un altro anfiteatro, grande quasi come il Colosseo?
Vai a Santa Maria Capua Vetere e visita l'Anfiteatro Campano.

Nome: Anfiteatro Flavio
Architetto/-i: sconosciuto/-i
Data: - costruzione: dal 72 d.C.
- inaugurazione: 80 d.C.
- ultimo spettacolo: 523 d.C.

Stile: romano dell'età imperiale
Materiali: soprattutto marmo
Dimensioni: (forma ellittica)
- lunghezza: circa 188 m
- larghezza: circa 156 m
- altezza: circa 50 m (in origine)

Ubicazione: Roma, centro storico – tra i colli Palatino, Esquilino e Celio
Committente[1]**:** imperatore Tito Flavio Vespasiano

[1]committente: la persona che chiede e paga la realizzazione dell'opera.

COLOSSEO
72 d.C.

1. Per la sua costruzione si usano le ricchezze del tempio di Gerusalemme, distrutto nella prima guerra giudaica.
2. Durante i giochi, per combattere i cattivi odori degli animali e dei cadaveri, si diffondevano nell'aria acqua con zafferano e altre essenze profumate.

3. Le vestali e l'imperatrice guardavano i giochi da vicino. Tutte le altre donne del pubblico stavano in un settore isolato all'ultimo piano.
4. Durante i giochi l'imperatore lanciava al pubblico delle palle di legno. Dentro c'era la descrizione del regalo vinto: cibo, abiti, animali, gioielli... e anche schiavi.
5. I 28 montacarichi dei sotterranei sono i primi "ascensori" della storia.
6. Oggi nel Colosseo vivono una colonia protetta di gatti e centinaia di tipi diversi di piante aromatiche ed erbe officinali.

BREVE ANALISI

È il più grande anfiteatro del mondo. Lo realizzano i primi tre imperatori della dinastia dei Flavi. Il primo, Vespasiano, sceglie la zona della domus aurea di Nerone: in particolare lo spazio dove c'era un grande lago artificiale. Il figlio, Tito, finisce gli ultimi lavori e celebra la sua apertura. Alla sua morte, il figlio Domiziano completa l'anfiteatro con le ultime decorazioni e la costruzione dei sotterranei.

STRUTTURA Ha la forma di un'ellisse e ha quattro piani. Gli elementi principali della facciata esterna sono tre piani di arcate e un quarto piano a parete piena. Sia la facciata che gli interni sono soprattutto in marmo di travertino con alcuni elementi strutturali in piombo, o altri metalli, tufo e laterizio. Al centro dell'anfiteatro ci sono l'arena e i sotterranei.

CONSERVAZIONE Dopo molti incendi e terremoti, il Colosseo resiste fino alla caduta dell'impero. Nel Medioevo ci abitano e ci lavorano negozianti e artigiani. Poi un'importante famiglia romana, i Frangipane, ci costruisce la sua fortezza. Si usa per anni il suo marmo per costruire importanti monumenti, come la basilica di San Pietro, Palazzo Venezia e Palazzo Barberini. Poi, nel XVIII (18°) secolo, grazie a papa Benedetto XIV (14°), il Colosseo diventa un luogo santo per la religione cristiana. Le sue rovine sono ancora oggi il simbolo di Roma e della sua storia.
Il Colosseo è infatti uno dei monumenti più visitati al mondo.

ITINERARI D'ITALIA

Vuoi fare un salto indietro nel tempo? Prendi la **via Appia Antica**, una delle strade più importanti dell'Impero Romano. Parti da Porta Capena. Potrai vedere i resti di monumenti antichissimi come la **tomba degli Scipioni** (la famosa famiglia della Roma repubblicana), la **villa dell'imperatore Massenzio** e la **tomba di Cecilia Metella**, una nobile donna romana. La strada attraversa poi un parco bellissimo e continua fino a... Brindisi, in fondo allo Stivale!

2. UN INCONTRO AD ARTE

TRACCIA 02

Da: Carlotta Baschioni **2 Ottobre 2020 – 09:32**
A: Alessandra Portini **Oggetto:** appartamento

Ciao Alessandra
Mi chiamo Carlotta, Younes mi ha dato il tuo contatto. La stanza del tuo appartamento è ancora libera?
Frequento l'**Accademia** di **Brera**, sono all'ultimo anno del corso di primo livello in **pittura**.
Ieri il nostro professore ci ha chiesto di realizzare la **copia a matita** di un **dipinto rinascimentale** (!!!)
Quindi cerco una casa vicino a via Brera perché dovrò andare in **Pinacoteca** e in Accademia tutti i giorni.
Fammi sapere.
Grazie mille.
Carlotta Baschioni

NOTE

ACCADEMIA (DI BELLE ARTI)
istituto universitario dedicato all'arte.

BRERA
l'Accademia di Brera è una delle Accademie più importanti d'Italia (è a Milano, in via Brera).

PITTURA
arte di dipingere.

COPIA A MATITA
disegno uguale all'originale, fatto con una matita.

MATITA

DIPINTO

RINASCIMENTALE
del periodo del Rinascimento (circa dalla metà del XIV secolo fino al XV secolo).

PINACOTECA
galleria d'arte con opere solo di pittura.

GALLERIA (D'ARTE)
spazio, pubblico o privato, per l'esposizione (e a volte la vendita) di opere d'arte.

PALA (D'ALTARE)
quadro molto grande e di forma rettangolare per ornare l'altare di una chiesa.

ALTARE

DAL VIVO
nella realtà.

LAMPADARIO

PALA BRERA
o anche *Pala Montefeltro*, è un altro modo per chiamare *La Sacra Conversazione* di Piero della Francesca.

Da: Alessandra Portini **2 Ottobre 2020 – 11:16**
A: Carlotta Baschioni **Oggetto:** R: appartamento

Ciao Carlotta!
Sì, la stanza è ancora libera e se vuoi ci sentiamo per telefono così ti do un po' di informazioni.
Quale opera hai scelto? Sono curiosa :)
Io ora sto facendo uno stage a Montpellier in una piccola **galleria** e mi trovo bene, ma mi manca l'Accademia...
A presto
Alessandra

Da: Carlotta Baschioni **2 Ottobre 2020 – 16:05**
A: Alessandra Portini **Oggetto:** R: appartamento

Ciao Alessandra!
Grazie per la mail. Allora stasera ti chiamo per l'appartamento.
Ho scelto la Sacra Conversazione di Piero della Francesca :) Oggi sono andata a rivedere la **pala dal vivo** e... tu hai mai notato che in quella sala c'è un uovo come **lampadario**?! È l'unico in tutta la Pinacoteca ed è esattamente uguale all'uovo del dipinto! :0
Un saluto,
C.

Da: Alessandra Portini **2 Ottobre 2020 – 18:21**
A: Carlotta Baschioni **Oggetto:** R: appartamento

Cara Carlotta
Che bella la **Pala Brera**, ottima scelta!
Sei coraggiosa, è un'opera complessa, soprattutto per gli **elementi architettonici**.
Dai, mandami qualche foto dei **bozzetti**, sono curiosa!
Un saluto,
Ale
P.S. L'uovo l'hanno messo qualche anno fa, si chiama "lampada Brera", è un'opera di design degli anni Sessanta. È proprio una **citazione** dell'uovo della pala ;)

ELEMENTI ARCHITETTONICI
elementi di architettura (colonne, archi, finestre, ecc.).

BOZZETTI
disegni di preparazione per studiare o preparare la realizzazione di un'opera d'arte.

CITAZIONE
riferimento a un'opera famosa.

Da: Carlotta Baschioni **3 Ottobre 2020 – 12:43**
A: Alessandra Portini **Oggetto:** R: appartamento

Cara Ale
Grazie per le info sull'uovo! Lo trovo bellissimo.
E grazie anche per la stanza! È molto luminosa e gli altri ragazzi mi sembrano simpatici :)
Oggi ho cominciato a fare qualche bozzetto della struttura architettonica. Ma hai ragione... è difficile!!! Aiutooooo
C.

Da: Alessandra Portini **3 Ottobre 2020 – 20:54**
A: Carlotta Baschioni **Oggetto:** R: appartamento

Ciao Carlotta
Capisco perfettamente le tue paure. Quando ho iniziato l'Accademia, durante gli esercizi di **copiatura**, avevo sempre un **blocco**. E sai che cosa facevo? Chiudevo gli occhi e cercavo di ricordare il dipinto, in ogni suo particolare, e se non ricordavo qualcosa, riaprivo gli occhi un momento, guardavo e poi continuavo il mio esercizio di memoria a occhi chiusi. Mi serviva per ritrovare calma e concentrazione ;)
Domani prova a fare questo esercizio davanti alla pala.
Baci
Ale

Da: Alessandra Portini **9 Ottobre 2020 – 09:30**
A: Carlotta Baschioni **Oggetto:** tutto bene?

Ciao Carlotta
Ti scrivo perché non ho più avuto risposta dalla mia ultima mail... Tutto bene?
Un bacio
Ale

Da: Carlotta Baschioni **9 Ottobre 2020 – 10:30**
A: Alessandra Portini **Oggetto:** R: tutto bene?

Cara Ale,
scusami, ma sono stata tanto impegnata con la pala. La parte **prospettica** è stato un **lavoro certosino**, ma alla fine **ce l'ho fatta!** Il tuo esercizio è stato utilissimo, grazie di cuore :)
Ieri ho iniziato gli **studi** sui personaggi.
Se vuoi domani sera ci vediamo su Skype e ti faccio vedere i bozzetti.
Baci
C.

COPIATURA
realizzazione della copia di un'opera.

BLOCCO
quando un'azione si ferma (Alessandra non riusciva a fare nulla, era immobile).

PROSPETTICA
legata alla prospettiva.

LAVORO CERTOSINO
lavoro lungo, complesso e di grande precisione.

CE L'HO FATTA
(inf. *farcela*)
ho raggiunto il mio obiettivo.

STUDI
in arte, disegni di preparazione sui particolari di un'opera.

NON VEDO L'ORA
(inf. *vedere*)
aspetto con emozione quel momento.

VERNICE
o *vernissage* (più frequente), inaugurazione di una mostra.

(MOSTRA) PERSONALE
mostra dedicata a un solo artista.

(MATERIALI) DI RICICLO
materiali eliminati, ma poi recuperati per un nuovo uso.

CURATRICE
(*curatore* al maschile) la persona che organizza la mostra.

Da: Alessandra Portini — **12 Ottobre 2020 – 08:01**
A: Carlotta Baschioni — **Oggetto:** Buondì :)

Ciao Carlotta!
ti scrivo velocemente dalla galleria perché oggi ho molto lavoro.
Ci vediamo direttamente su Skype domani sera allora!
Non vedo l'ora...
Bacio
Ale

Da: Carlotta Baschioni — **14 Ottobre 2020 – 10:56**
A: Alessandra Portini — **Oggetto:** caffè?

Cara Ale
Ieri è stato bellissimo parlare con te.
Se vuoi stasera ci vediamo per un caffè su Skype e magari... parliamo un po' di altro!
che ne dici? ;)
Bacio grande
C.

Milano, Pinacoteca di Brera. Sala 24.
4 ottobre 2030

Carlotta osserva *La Sacra Conversazione*.

– Devo proprio ringraziare questo dipinto – pensa.

In una piccola galleria d'arte, tutto è pronto.
La vernice della prima personale di Carlotta Baschioni sta per iniziare.

Dipinge uova, solo uova, di tutte le dimensioni e di tutti i colori. Usa materiali diversi, quasi sempre di riciclo.

Lei ama quello che fa. Ma lo ameranno anche gli altri? È nervosa.

Carlotta esce dalla Pinacoteca, prende via Brera, poi gira in via Fiori Oscuri e arriva alla galleria.
La curatrice della mostra è davanti alla porta, la sta aspettando.
È Alessandra. Carlotta sorride.
Prima di entrare, Carlotta prende la mano della sua compagna e le dà un bacio.

▶ ispirazioni: incontri con gli studenti dell'Accademia

ATTIVITÀ

1 • Il riassunto corretto *Leggi i quattro riassunti del racconto e scegli quello giusto.*

○ 1. Carlotta cerca un appartamento vicino all'Accademia e quindi scrive ad Alessandra, un'amica di famiglia. Iniziano così a scambiarsi delle mail ed Alessandra, che è pittrice, dà dei consigli a Carlotta su come realizzare la copia di un dipinto rinascimentale. Dieci anni dopo Carlotta e Alessandra si incontrano per caso in una galleria d'arte del centro: le opere esposte sono di Carlotta!

○ 2. Carlotta scrive ad Alessandra perché cerca una stanza a Milano, vicino all'Accademia. Alessandra risponde che la stanza è ancora libera. Le due ragazze iniziano uno scambio di mail e Alessandra aiuta Carlotta nella realizzazione di un dipinto rinascimentale. Dieci anni dopo Carlotta è diventata una famosa pittrice e Alessandra organizza tutte le sue mostre.

○ 3. Alessandra riceve una mail: Carlotta sta cercando una stanza vicino a via Brera a Milano perché frequenta l'Accademia. Le due ragazze si scrivono via mail per un po' e Alessandra dà dei consigli a Carlotta per realizzare la copia della Pala Brera. Dieci anni dopo Alessandra va alla prima mostra delle opere di Carlotta e decide di comprare un suo quadro.

○ 4. Carlotta va ad abitare a casa di Alessandra mentre lei è a Montpellier a fare uno stage. Le due ragazze diventano molto amiche. Dopo dieci anni Alessandra organizza la prima mostra delle opere di Carlotta, che è diventata la sua compagna.

2 • Il linguaggio delle mail *Come si scrive una mail in italiano? Come si saluta all'inizio? E alla fine, che formula si usa? Tutto dipende dal grado di formalità della mail.*

Osserva le mail nella pagina accanto e completale con le espressioni mancanti. Poi mettile in ordine dalla più informale (1) alla più formale (3).

SALUTI INIZIALI E FINALI	TESTO
Ehi Carla!	Fammi sapere quando possiamo vederci per un caffè
Baci baci	Vorrei sapere se è possibile incontrarla per chiederle
Salve	Spero vivamente di poterla incontrare presto
La ringrazio e buona giornata	
Buonasera Signor De Povis	
Cordiali Saluti	

a. ◯

____

La contatto per avvertirla che domani non potrò essere presente alla conferenza per motivi personali.

______________________________ in un'altra occasione.

____

Pierfrancesco Carlini

b. ◯

____

Sono una sua studentessa, mi chiamo Carola Danti e frequento il suo corso di Disegno.

______________________________ alcune informazioni sulla tesina.

____

Carola Danti

c. ◯

____

Come va?

______________________________, così ci raccontiamo un po' ;)

____

Dani

3 • Younes mi ha dato il tuo contatto *Nella lingua italiana imparare a usare i pronomi complemento (diretti e indiretti) è importantissimo: sono piccole parole, a volte difficili da riconoscere nel linguaggio parlato, eppure sono fondamentali per la comprensione di una frase! Guarda queste frasi e prova a scrivere di fianco a ogni pronome il suo significato, come negli esempi.*

a. L'uovo **l'**hanno messo qualche anno fa, si chiama "lampada Brera".
   L' (LO) = L'uovo
b. Prima di entrare Carlotta prende la mano di Alessandra e **le** dà un bacio.
   LE = ad Alessandra
c. Il professore di Carlotta **le** ha chiesto di realizzare la copia a matita di un dipinto rinascimentale.
   LE = __________
d. I bozzetti dei personaggi sono pronti: Carlotta **li** mostra ad Alessandra.
   LI = __________
e. Carlotta va dal suo professore e **gli** mostra il suo disegno.
   GLI = __________
f. Durante la vernice Carlotta incontra dei galleristi e **gli** parla delle sue opere.
   GLI = __________
g. Alla vernice di Carlotta Alessandra ha invitato anche due amiche e **gli** ha venduto due opere di Carlotta.
   GLI = __________

ATTIVITÀ

4 • Chiudevo gli occhi e cercavo di ricordare il dipinto *In italiano l'imperfetto si usa anche per descrivere una situazione o un'abitudine al passato. Leggi il testo e completalo con i verbi giusti all'imperfetto.*

Ho 22 anni e studio all'Accademia di Belle Arti di Firenze. Per pagarmi gli studi faccio il madonnaro[1].
Ho iniziato grazie a mio padre, anche lui madonnaro.
Quando (io – *essere*) ________ piccolo, a volte lui mi (*portare*) ______________ con sé e io (*guardare*)___________ incantato le sue mani: (*preparare*) __________ i gessetti, (*prendere*) ________ il dipinto che voleva copiare e poi (*iniziare*) ____________ la magia. (lui – *avere*) ___________ uno sguardo particolare, lontano e allo stesso tempo concentrato. Lo (io – *vedere*) ____________ solo quando (lui – *disegnare*) ___________ quello sguardo. Quando la mattina mi (lui – *dire*) ____________: "Dai, oggi vieni con me", io (*sentirsi*) ___________ più felice di quando (noi – *andare*) ___________ alle giostre, più felice che a Natale.

[1] madonnaro: artista che disegna copie di Madonne o altri soggetti principalmente sacri sui marciapiedi e sulle strade.

5 • Il tuo esercizio è stato utilissimo *Quando in italiano diamo una valutazione su un'esperienza passata usiamo spesso il passato prossimo e non l'imperfetto.*
Ora prova a completare questo scambio di messaggi tra Carlotta e un suo amico, come negli esempi.

Allora??? Come (*andare*) __è andata__ la mostra? Sei contenta?

(*essere*) __È stata__ una bella serata, sì dai sono contenta 🙂

Ma dammi qualche particolare! Tu come (*essere*) _________ vestita?

Jeans e maglietta nera come al solito 😎
Comunque (*essere*) ____________ emozionatissima perché (*esserci*) ____________ anche due galleristi moooolto importanti.

La presenza di Alessandra (*essere*) ____________ fondamentale come sempre ❤

LA DIDASCALIA DI UN'OPERA D'ARTE

Quali sono le informazioni principali di un'opera d'arte?
Ogni informazione risponde a una domanda:

AUTORE – Chi ha creato l'opera?

TITOLO – Come si chiama l'opera?

DATA – In quale anno l'artista ha completato l'opera?

Fino alla fine del XVIII secolo le opere non avevano un titolo preciso ma si chiamavano con il nome del luogo dove stavano oppure con il tema e i soggetti dell'opera.

TECNICA – Quali materiali ha usato l'artista?

DIMENSIONI – Quanto è grande l'opera?

UBICAZIONE – In quale città si trova l'opera? E in quale museo?

6 • Facciamo un po' di ordine! *Componi la didascalia dell'opera, abbinando le categorie con le informazioni giuste.*

AUTORE	248 x 170 cm
TITOLO	tempera a olio su tavola
DATA	1472 circa
TECNICA	Milano, Pinacoteca di Brera
DIMENSIONI	Piero della Francesca
UBICAZIONE	La Sacra conversazione con la Madonna col Bambino, sei santi, quattro angeli e il donatore Federico da Montefeltro

ATTIVITÀ

7 • Chi è chi? *Il titolo completo della Pala di Brera è molto lungo perché in realtà è la spiegazione del soggetto. Ora rileggi il titolo completo e prova a individuare i soggetti nel dipinto (non scrivere nulla).*

La Sacra Conversazione con la Madonna col Bambino, sei santi, quattro angeli e il donatore Federico da Montefeltro

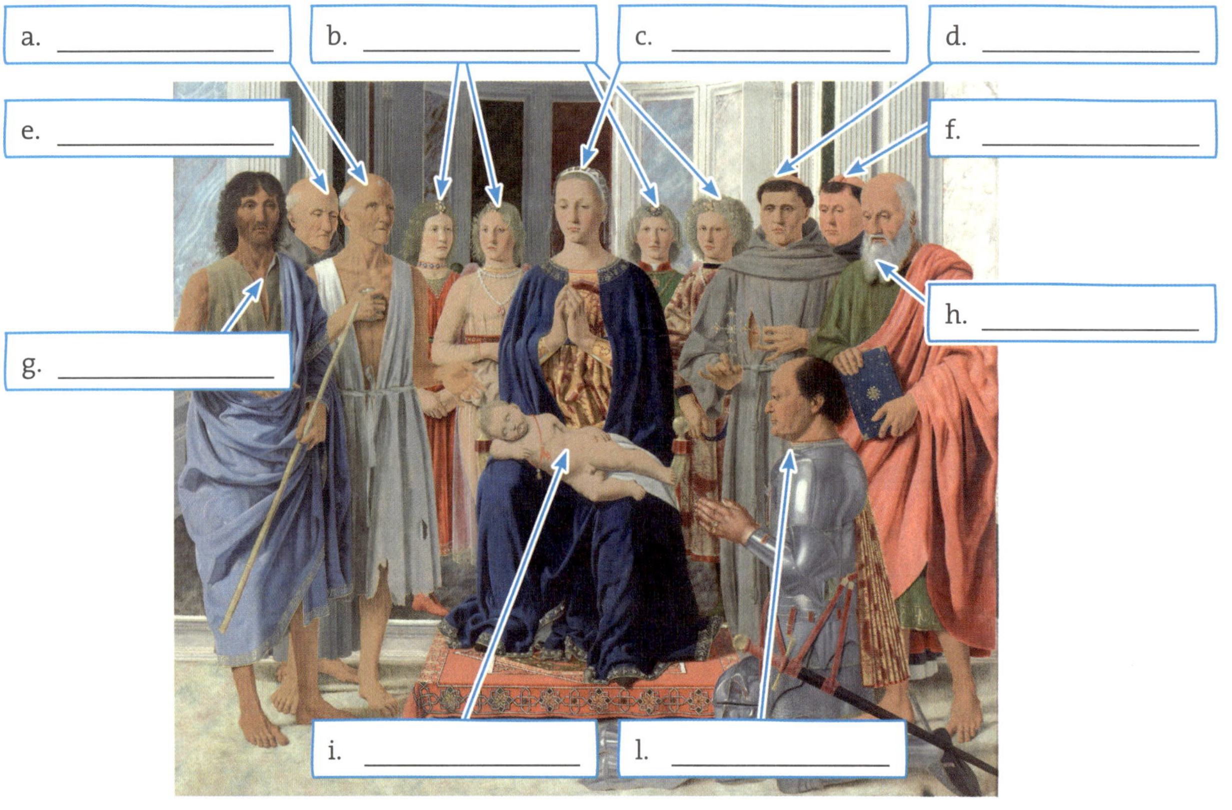

8 • I personaggi *Ora leggi la descrizione del dipinto e verifica le tue scelte. Poi scrivi i nomi dei personaggi nei riquadri sul dipinto del punto 7.*

Al centro del dipinto c'è la **Madonna** con le mani in preghiera[1]. **Gesù Bambino** dorme sulle sue gambe. In basso a destra, in ginocchio, c'è il duca **Federico da Montefeltro** in armatura[2]. Dietro la Madonna, ci sono i santi e gli angeli.
Il primo da sinistra con il bastone è **San Giovanni Battista**: ha la pelle scura, la barba e i capelli lunghi.
Di fianco, un po' più indietro, c'è **San Bernardino da Siena**, di cui si vede solo la testa.
Poi c'è **San Girolamo** con un sasso in mano e i **quattro angeli**, tutti con i capelli lunghi.
Il primo santo a destra della Madonna, con la veste grigia, è **San Francesco d'Assisi**, che mostra le stimmate[3] sul petto e ha in mano una croce d'oro. In secondo piano c'è **San Pietro** martire, con il taglio sulla testa. L'ultimo santo è **San Giovanni Evangelista**, con la barba lunga, il libro e il mantello colorato.

[1] mani in preghiera: 

[2] armatura: antica copertura in metallo per proteggersi in guerra.

[3] stimmate: ferite di Gesù durante la crocifissione. Nella storia dei santi anche alcuni di loro le hanno per il loro legame con la sofferenza di Gesù.

APPUNTI DI STORIA DELL'ARTE

I santi nell'arte

In tutte le opere di arte sacra, come nella *Pala di Brera*, ogni santo ha i simboli della sua vita e in particolare del suo martirio[1]. Se osservi con attenzione questi elementi puoi capire chi è.

Per esempio, Santa Lucia porta i suoi occhi su un vassoio,

San Sebastiano ha il corpo colpito da frecce...

[1] martirio: morte (tra molte sofferenze) per difendere la propria fede.

LA PROSPETTIVA (PRIMA PARTE)

La prospettiva nei dipinti compare per la prima volta nel Duecento con le opere di Giotto. Poi, nel primo Rinascimento, Brunelleschi sviluppa con più precisione le sue leggi. Leon Battista Alberti, Piero della Francesca e poi Leonardo – con la prospettiva aerea (vedi capitolo 4, pagina 47) – sono gli altri tre importanti protagonisti della storia della prospettiva.

LA PROSPETTIVA

tecnica per dare profondità nello spazio a un'immagine (un disegno, un dipinto, un affresco, ecc.)

LA GEOMETRIA

parte della matematica che studia le figure nello spazio

Gli elementi principali della geometria sono:

LA LINEA

IL PUNTO

IL PIANO

LA FIGURA BIDIMENSIONALE

LA FIGURA TRIDIMENSIONALE

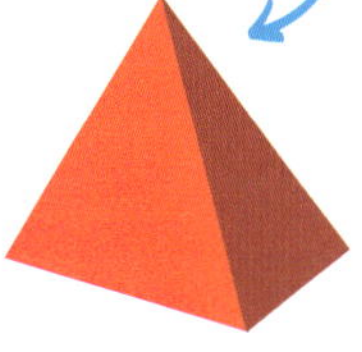

LE LINEE PARALLELE

LE LINEE PERPENDICOLARI

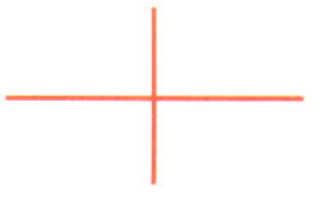

PROPORZIONATO

ha le misure giuste per essere in armonia con gli altri elementi

SPROPORZIONATO

non ha le misure giuste per essere in armonia con gli altri elementi

ATTIVITÀ

9 • La parte architettonica della Pala *Guarda con attenzione l'immagine. Poi leggi la descrizione e completa l'immagine con gli elementi mancanti.*

abside | conchiglia | rosette | uovo

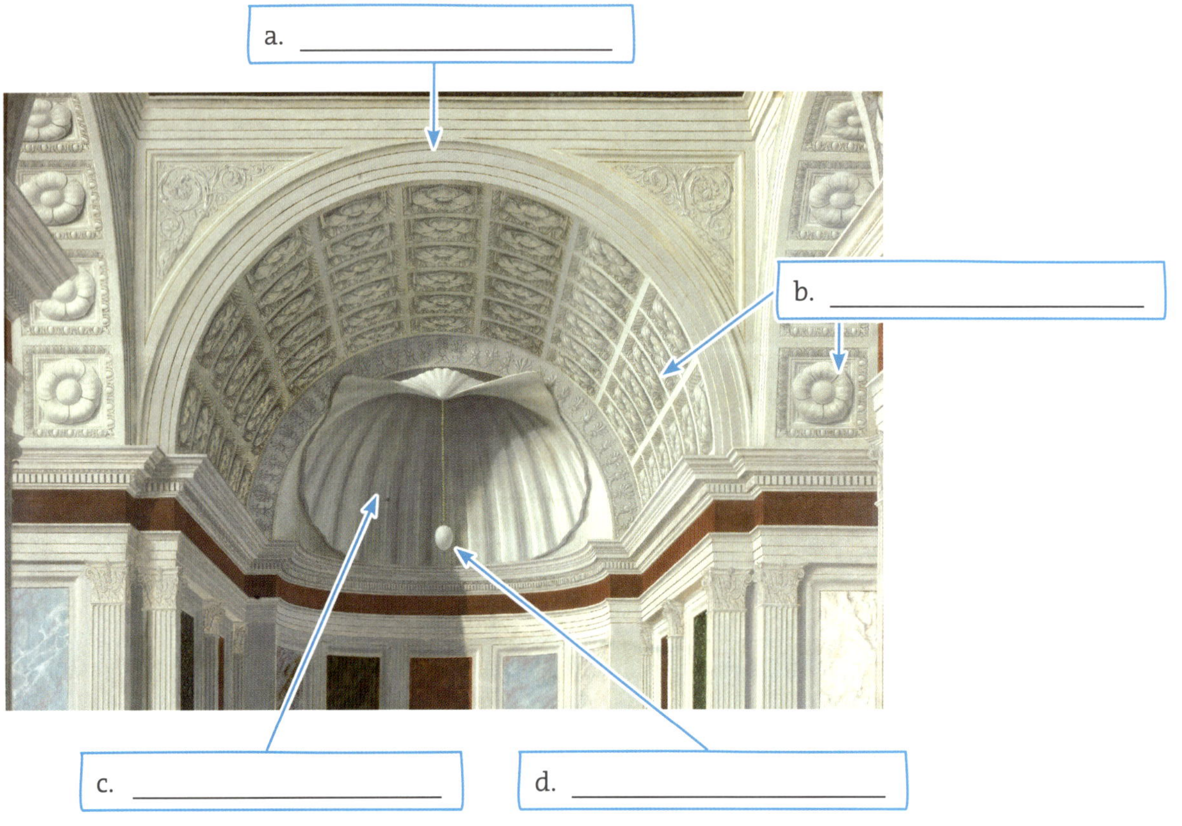

Lo spazio della Sacra Conversazione è un'architettura di stile classico[1] e ricorda l'interno di una chiesa con l'____________ semiellittica dove si sviluppa una volta a botte con cassettoni scolpiti con ____________.
L'elemento più importante della scena è la grande ____________ in fondo all'abside.
Dalla conchiglia pende un ____________ di struzzo, simbolo di nascita e di rinascita.
Lo struzzo era anche parte dello stemma della famiglia Montefeltro.

[1] stile classico: lo stile architettonico degli antichi Greci e degli antichi Romani.

APPUNTI DI STORIA DELL'ARTE

I simboli

La Sacra Conversazione è un capolavoro[1] ricco di significati.
L'uovo sospeso sulla testa della Madonna per esempio è anche simbolo di perfezione.
La conchiglia invece ricorda il legame della Madonna con il mare e la fertilità, come una "Venere" cristiana.

[1] capolavoro: opera d'arte tra le migliori.

GLI ELEMENTI ARCHITETTONICI (SECONDA PARTE)

GLI ARCHI

L'ARCO A TUTTO SESTO

L'ARCO A SESTO RIBASSATO

L'ARCO A SESTO ACUTO

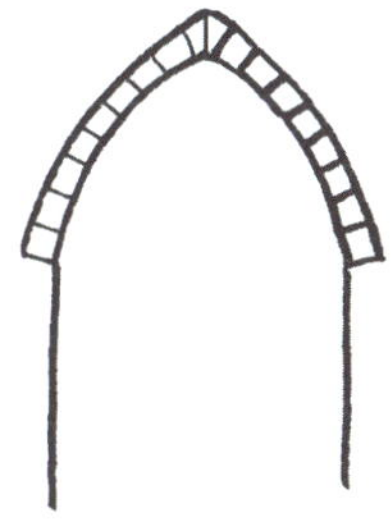

LE VOLTE

LA CUPOLA

LA VOLTA A BOTTE

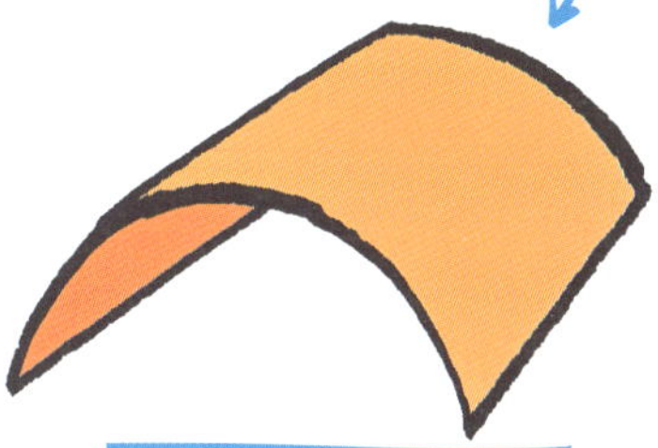

LA VOLTA A PADIGLIONE

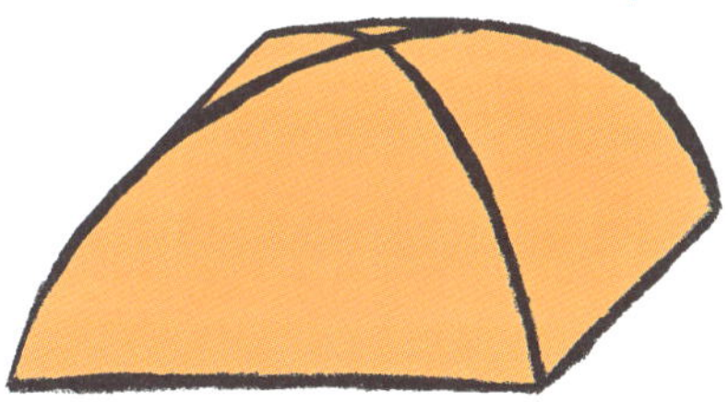

LA VOLTA A CROCIERA

LO SAI CHE...

Federico da Montefeltro, duca di Urbino, è una grande figura del Rinascimento.
È presente infatti in molti dipinti, ma sempre di profilo[1]. Per quale motivo? Semplice: non ha più l'occhio destro a causa di un incidente e quindi preferisce non mostrare quella parte del viso.
Secondo gli storici dell'epoca, per aiutare la vista dell'altro occhio, decide di tagliare la parte superiore del naso. In effetti, se si guarda *Il ritratto dei duchi di Urbino* di Piero della Francesca, si vede molto bene che all'altezza degli occhi di Federico manca un pezzo di naso!

[1] di profilo: in una posizione che mostra solo un lato del corpo.

ATTIVITÀ

APPUNTI DI STORIA DELL'ARTE

Umanesimo

Gli artisti italiani del Quattrocento, soprattutto a Firenze e a Napoli, vivono un grande momento di "rinascita" delle arti e della letteratura dopo i secoli bui del Medioevo. Lo studio delle grandi opere degli scrittori classici greci e latini diventa fondamentale per lo sviluppo della conoscenza. Questi studiosi della classicità si chiamavano già a quell'epoca **umanisti**, perché studiavano le *humanae litterae* (in latino), cioè le discipline fondamentali per la formazione dell'uomo (letteratura, grammatica, retorica, poesia, storia, filosofia). Proprio da qui nasce la parola **Umanesimo**.

10 • Le professioni dell'arte *Quali professioni legate all'arte conosci? Guarda le immagini e scegli la professione corrispondente.*

pittore | scultore | architetto | fotografo | designer | illustratore | restauratore

a. ______________________

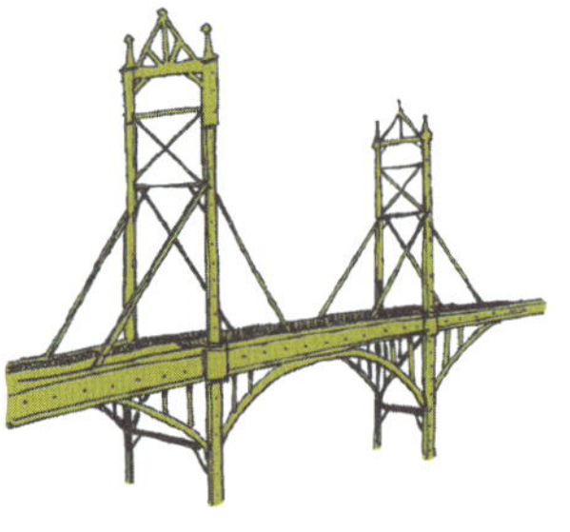

b. ______________________

c. ______________________

d. ____________________

e. ____________________

f. ____________________

g. ____________________

LO SAI CHE...

Nella Pinacoteca di Brera esiste un laboratorio di restauro... trasparente! È possibile così vedere in diretta il lavoro dei restauratori. La stanza a forma di cubo è stata costruita nel 2002 e si trova all'interno di una delle sale espositive, la XVIII. Le sue pareti sembrano di vetro, ma sono in realtà in policarbonato, un materiale isolante, leggerissimo e molto resistente.

Vuoi visitare un museo interamente dedicato a una sola opera di Piero della Francesca? Vai a Monterchi e visita il Museo della Madonna del Parto.

RIEPILOGANDO INFORMAZIONI

Titolo: La Sacra Conversazione con la Madonna col Bambino, sei santi, quattro angeli e il donatore Federico da Montefeltro
[detta anche *Pala* (*di*) *Brera* e *Pala Montefeltro*]
Autore: Piero della Francesca
Data: 1472 circa
Tecnica: tempera e olio su tavola (vedi pagina 55)
Dimensioni: 248 x 170 cm
Ubicazione: Milano, Pinacoteca di Brera
Committente: Federico da Montefeltro, duca di Urbino

BREVE ANALISI

SOGGETTO La Madonna è seduta su un trono con Gesù Bambino, circondata da santi e angeli. In ginocchio c'è il committente del dipinto, il duca di Urbino. Lo spazio intorno sembra l'interno di una chiesa.

DESCRIZIONE Al centro dell'opera c'è la Madonna, sulle sue ginocchia dorme Gesù Bambino con una collana di corallo rosso. In basso a destra, in ginocchio, c'è il duca Federico da Montefeltro vestito con la sua armatura e la spada. Intorno alla Madonna e al bambino, ci sono sei santi e quattro angeli.
Sullo sfondo[1] c'è l'abside di una chiesa e in fondo è scolpita una conchiglia di marmo con un uovo di struzzo in corrispondenza della testa della Madonna.

COMMENTO La perfezione dei chiaroscuri, la forza dei colori e la precisione di alcuni particolari sono un richiamo all'arte fiamminga[2]. Altra caratteristica dell'opera è l'elemento circolare che si ripete continuamente: la posizione dei santi e degli angeli, l'abside, la conchiglia, l'uovo, ecc. Tutto è pensato all'interno di precise leggi matematiche e geometriche nell'ottica di un'armonia perfetta.
Questa pala rappresenta anche un punto di rottura con la tradizione: di solito infatti le pale d'altare erano un gruppo di dipinti che formavano un cosiddetto *polittico*[3]. Piero della Francesca invece decide di realizzare solo la parte centrale e sceglie di farla molto più grande delle pale tradizionali. Per questa e altre innovazioni, *La Sacra Conversazione* diventerà un vero e proprio modello per gli artisti dei secoli successivi.

[1] sullo sfondo: la parte più lontana (in prospettiva) in un dipinto.
[2] arte fiamminga: importante corrente artistica di pittura a olio nata nel Quattrocento nelle Fiandre (oggi Olanda e Belgio).
[3] polittico: pala d'altare formata da diversi elementi (dipinti).

PIERO DELLA FRANCESCA

San Sepolcro 1416 circa – 1492

1. Si sa pochissimo della sua vita privata, nemmeno la data di nascita è certa.
2. È un grande matematico e un importante teorico della prospettiva, su cui scrive due importanti trattati.
3. Da vecchio non può più dipingere perché perde completamente la vista.
4. Non abbiamo nessun autoritratto ufficiale, ma il suo viso appare in alcune sue opere, nascosto tra gli altri personaggi.
5. Lavora nello stesso periodo per due Signori tra loro in guerra, Sigismondo Malatesta e Federico da Montefeltro.
6. A Roma realizza un grande affresco per il Vaticano, che poi viene eliminato per far posto a un lavoro di Raffaello: la famosa *Stanza della Segnatura*.
7. Un suo dipinto *La Flagellazione di Cristo*, è ancora oggi una delle opere più studiate e più misteriose al mondo.

ITINERARI D'ITALIA

Quattro regioni, sei tappe e un viaggio nelle meraviglie del Centro Italia.
A **Rimini**, **Urbino**, **Arezzo**, **Sansepolcro**, **Perugia** e **Monterchi** potrete non solo vedere le opere di Piero della Francesca, ma anche vivere la bellezza dei paesaggi e la bontà della cucina.
Buon viaggio!

3. PARLA LA PRIMAVERA

TRACCIA 03

Firenze. Galleria degli Uffizi. Sala Botticelli.
Pomeriggio.

– Ecco l'altro di Botticelli! – un ragazzo alza il cellulare e si fa un selfie di fianco alla *Primavera*.

Poi esce dalla sala.

– Hai visto, Flora?
– Sì, Venere, ho visto... Tutti ci guardano ma nessuno ci vede veramente. E fanno foto che non rivedranno mai!
– Povere voi – dice Mercurio – Io per fortuna guardo il cielo e non vedo gli spettatori...
– Però – osserva Flora – Quando incontriamo occhi interessati è tutto diverso...
– È vero – dice Venere – Ma prima era più bello, la gente aveva più tempo, era più attenta.
– Eh sì – continua Mercurio – le persone venivano a guardarci per ore, alcuni ci studiavano per giorni, per mesi!!!
– Oggi invece hanno tutti fretta... non c'è armonia! – dice una delle tre Grazie.

NOTE

SI FA UN SELFIE

(inf. *farsi*)
fa un autoscatto, una foto con lui dentro.

NUDO

BENDATO

– È proprio vero – aggiunge un'altra – E guarda come si vestono! Quello laggiù è praticamente nudo!

– Sorelle mie, non pensate al mondo là fuori – dice la terza Grazia – noi siamo fortunate, danziamo da sempre in questo giardino, col profumo delle arance, dei fiori e dell'aria primaverile...

– E per fortuna ci sono i profumi! – dice Cupido – Perché io non vedo nulla... Sono bendato.

– Figlio mio... – sospira Venere.

Ma improvvisamente tace.

Di fronte al dipinto c'è una ragazza. Non ha in mano il cellulare e sta osservando ogni personaggio in silenzio e con intensità. È immobile e i suoi occhi studiano ogni tratto, ogni colore, ogni sfumatura...
E la *Primavera* ritrova il suo silenzio.
La ragazza apre un quaderno e scrive: "Il quadro sta parlando!".
Ma poi lo chiude perché le gira la testa.
Si siede per terra.

– Tutto bene? – le chiede un ragazzo.

– Non lo so... – risponde lei.

– Ogni tanto succede, sai? – dice lui.

– Cosa? – chiede lei.

– Tanta bellezza tutta insieme può essere troppa.

– Eh sì. – risponde lei e guarda di nuovo il dipinto. – Per me la *Primavera* è mille mondi. Oggi la vedo dal vivo per la prima volta. Che emozione... Ho anche sentito delle voci. I personaggi del dipinto... parlavano!

– Davvero? Ahahah! Io comunque mi chiamo Fabio, piacere.

– Piacere, Tamar.

– Di dove sei?

– Tel Aviv, ma mio nonno era italiano.

– Ah, ecco perché parli così bene!

– Grazie... Voglio studiare qui l'anno prossimo.

– Fammi pensare... Pittura?

– No, Storia dell'arte. Voglio studiare i miei dipinti preferiti. Prendi la *Primavera*, per esempio: ci sono tanti livelli di lettura!

– Eh sì... È una delle opere più famose del museo, ma poche persone conoscono veramente la sua storia. Per esempio, secondo te chi era il committente, Lorenzo il Magnifico o suo cugino Lorenzo il Popolano?

TACE
(inf. *tacere*)
non parla più.

LE GIRA LA TESTA
(inf. *girare*)
è confusa e non riesce a stare in equilibrio.

LIVELLI DI LETTURA
tipi di analisi del dipinto, dal più superficiale al più profondo.

LORENZO IL MAGNIFICO
Lorenzo de' Medici, Signore di Firenze.

– Secondo me è stato un regalo del Magnifico al cugino per le sue **nozze**... O meglio, questa è la tesi che mi piace di più. Ma tu, perché sai tutte queste cose?

– Sto facendo un **master** in Accademia: voglio lavorare nei musei...

– Che bello! Allora mi devi raccontare tutto sugli Uffizi!

– Volentieri! Ti va un caffè?

– Sì, perché no!

Tamar e Fabio escono insieme.

– Che bella coppia quei due ragazzi.

– Ma sei bendato, Cupido, come puoi dirlo?

– Ma cara madre, sono o non sono il dio dell'amore?

▶ ispirazioni: *Tableaux Vivants* (parola francese che significa "quadri viventi" e cioè persone che ricreano tutti i particolari di un dipinto con corpi, vestiti e oggetti reali)

NOZZE
matrimonio, cerimonia di unione tra due persone.

MASTER
corso di specializzazione dopo la laurea.

1 • L'ordine corretto *Leggi il racconto e poi metti in ordine solo le parti corrette del testo (due frasi sono sbagliate).*

a. Alla Galleria degli Uffizi è pomeriggio. ◯
b. Fabio chiede a Tamar come sta. ◯
c. I personaggi del dipinto iniziano a commentare il gesto del ragazzo. ◯
d. Tamar scrive sul suo quaderno che il quadro parla. ◯
e. Una delle tre Grazie fa un commento su come è vestito un uomo. ◯
f. Un ragazzo si fa un selfie di fianco alla *Primavera*. ◯
g. Venere nota una ragazza che guarda il dipinto. ◯
h. Mercurio dice che è triste perché non guarda gli spettatori. ◯
i. Venere dice che in passato le persone erano più interessate all'arte. ◯
l. Tamar dice a Fabio che vuole diventare una pittrice. ◯
m. Tamar e Fabio vanno a prendere un caffè insieme. ◯

2 • Tanta bellezza tutta insieme può essere troppa **Poco, tanto, troppo**... *Ti ricordi come si esprime la quantità in italiano? Guarda i disegni e poi associa l'aggettivo giusto.*

pochi colori | pochi personaggi | tanti / molti personaggi | troppi colori

a. ____________________

b. ____________________

c. ____________________

d. ____________________

LO SAI CHE...

Lorenzo di Piero de' Medici, detto **Lorenzo il Magnifico**, terzo della dinastia dei Medici, è signore di Firenze dal 1469 alla morte (1492).
È anche uno scrittore, mecenate[1], poeta e umanista.
Lega il suo nome al periodo di massimo splendore del Rinascimento fiorentino, circondandosi di intellettuali e di artisti, come per esempio Botticelli e il giovane Michelangelo.

[1] mecenate: ricco signore che sostiene letterati e artisti.

ATTIVITÀ

APPUNTI DI STORIA DELL'ARTE

L'Inferno di Botticelli

Botticelli ha una grande passione: Dante Alighieri.
In particolare, in vecchiaia rilegge più volte l'*Inferno* (dalla *Divina Commedia*) e realizza decine di disegni. Il più importante si trova a Roma, nella Biblioteca Vaticana: l'intero viaggio di Dante all'Inferno su un solo foglio!
È la famosa "Mappa dell'Inferno" di Botticelli.
Secondo alcuni studiosi però l'artista ha nascosto l'originale prima di morire e quindi quella di Roma forse è solo una copia...

3 • La mostra era molto bella e c'erano molte persone **Molto** *o* **molto/-a/-i/-e**? *Avverbio o aggettivo? Completa le frasi scegliendo la forma adatta.*

a. La *Primavera* di Botticelli attira **tanto / tanti** turisti.
b. L'interpretazione della *Primavera* di Botticelli è **troppo / troppa** complessa, non posso spiegarla in due minuti!
c. Forse **poco / poche** persone sanno che Botticelli ha illustrato la *Commedia* di Dante.
d. Simonetta Vespucci era una donna **molto / molta** bella: secondo alcuni era lei la musa[1] di Botticelli.
e. Lorenzo il Magnifico aveva **tanto / tante** opere di artisti famosi.

[1]musa: in questo caso la persona che dà al pittore l'ispirazione per le sue opere. Spesso è anche presente nei suoi dipinti.

Ora osserva la regola su **molto** / **tanto** / **poco** / **troppo** *e completa la parte a destra dello schema.*

Funzione di **AVVERBIO**	Ha funzione di **avverbio** quando è legato a: • un'azione Botticelli **ha dipinto** **molto**. • una qualità La Venere di Botticelli è **molto** **famosa**. • un altro avverbio Tamar e Fabio fanno amicizia **molto** **velocemente**.	☐ **cambia** ☐ **non cambia**

Funzione di **AGGETTIVO**	Ha funzione di **aggettivo** quando indica la quantità: Nel dipinto La Primavera di Botticelli ci sono ancora **troppi** **misteri**. Sandro Botticelli è uscito **poche** **volte** da Firenze. L'Accademia Neoplatonica ha avuto **molta** **influenza** sull'opera di Botticelli.	☐ **cambia** ☐ **non cambia**

APPUNTI DI STORIA DELL'ARTE

L'Accademia Neoplatonica

Per gli umanisti l'antico filosofo greco Platone era un punto di riferimento fondamentale per ripensare non solo l'arte, ma anche l'esistenza in generale. Per volere di Cosimo de' Medici, il filosofo Marsilio Ficino fonda così l'Accademia Neoplatonica, un ritrovo di artisti, letterati e filosofi che discutono su una nuova visione della realtà basata sulle teorie platoniche unite ai principi del cristianesimo. L'essere umano diventa quindi il ponte tra le forze terrene e le forze divine: l'amore spirituale e la bellezza dell'anima raccontati nell'arte possono aiutare l'uomo ad avvicinarsi a Dio.

4 • Dentro l'anima del dipinto *La Primavera è un'opera piena di misteri. Gli studiosi hanno proposto diverse letture. Leggi le parti di questa interpretazione di fine Ottocento e prova a metterle in ordine.*

a. La *Primavera* invece presenta la dea quando arriva nel suo regno: ◯

b. la *Nascita* descrive il momento della nascita della dea della bellezza e dell'amore, ◯

c. che esce dal mare e arriva sulle rive dell'isola di Cipro. ◯

d. La *Primavera* e l'altro famoso capolavoro di Botticelli, la *Nascita di Venere*, sono dipinti complementari: ◯

e. la terra, al suo passaggio, si riempie di fiori e si mostra in tutto il suo splendore. ◯

adattato da *finestresullarte.info*

LO SAI CHE...

Sia la *Primavera* che la *Nascita di Venere* si trovano nella Galleria degli Uffizi a Firenze.
Sai che questo luogo non nasce come museo? Il nome ci dice già qualcosa.
Nel Cinquecento Cosimo de' Medici, nonno di Lorenzo il Magnifico, dà il compito di progettare gli uffici amministrativi e giudiziari a Giorgio Vasari[1].
Nasce così quello che diventerà uno dei musei più famosi e visitati al mondo.

[1] Giorgio Vasari: grande architetto e autore del famoso "*Le vite de' più eccellenti pittori, scultori e architettori*", una biografia dei più importanti artisti della storia fino al Rinascimento, testo importantissimo per gli studiosi anche oggi.

DESCRIVERE GLI ELEMENTI NELLO SPAZIO (PRIMA PARTE)

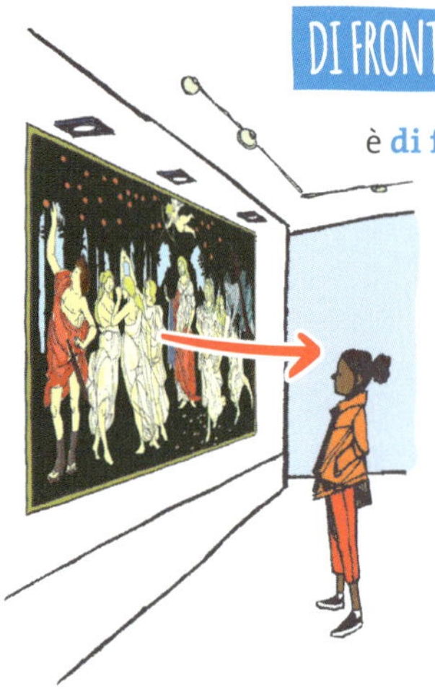

DI FRONTE A...

è **di fronte al** quadro

DI FIANCO A...

è **di fianco al** quadro

DAVANTI A...

è **davanti al** quadro

DIETRO

è **dietro** il quadro

SOPRA

è **sopra** il quadro

SOTTO

è **sotto** il quadro

DENTRO

è **dentro** il quadro

5 • Di fronte al dipinto c'è una ragazza... *Guarda l'immagine. Poi leggi la descrizione e trova i soggetti corrispondenti.*

a. È di fronte a una ragazza con i capelli biondi e la giacca di pelle nera. ◯

b. Di fianco a lui c'è un quadro. ◯

c. Dietro di lei c'è un quadro. ◯

d. Sopra di lui ci sono due luci. ◯

e. Davanti a lui ci sono delle persone quindi non vede bene il quadro. ◯

ATTIVITÀ

GLI STRUMENTI DEL PITTORE

prima della realizzazione del dipinto

LO SCHIZZO

disegno veloce per fissare le prime idee generali dell'opera

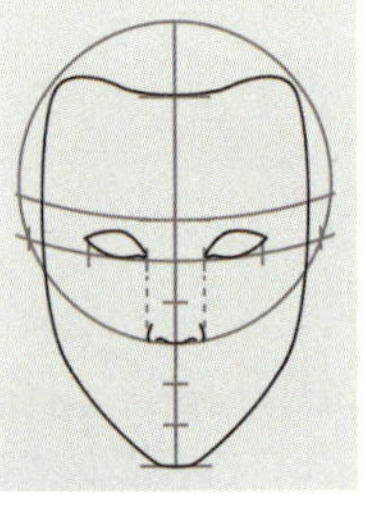

L'ABBOZZO / IL BOZZETTO

disegno più preciso dell'opera (sono ancora possibili dei cambiamenti)

IL MODELLO

disegno definitivo dell'opera

IL BLOCCO

LA MATITA

IL CARBONCINO

IL FOGLIO

per la realizzazione del dipinto

LA TELA[1]

IL CAVALLETTO

I PENNELLI

LA TAVOLOZZA

LA CORNICE

[1]tela: si usa anche con il significato di dipinto (come quadro).

6 • Che cos'è? *Leggi le descrizioni e trova l'oggetto corrispondente.*

a. serve per stendere e mescolare i colori

b. si può mettere intorno al dipinto quando è finito

c. di solito è di legno e serve per sostenere la tela

d. è la superficie dove il pittore dipinge

e. serve per realizzare gli schizzi e i bozzetti

f. è lo strumento che serve per dipingere

TELA

PENNELLO

CAVALLETTO

TAVOLOZZA

CORNICE

MATITA

7 • L'autoritratto nascosto *Botticelli ha inserito il suo autoritratto nell'opera "Adorazione dei Magi". Riesci a trovarlo?*

ATTIVITÀ

DESCRIVERE GLI ELEMENTI NELLO SPAZIO (SECONDA PARTE)

8 • Dentro il dipinto *Leggi la descrizione e completa con le espressioni giuste.*

al centro | alle spalle | di fianco | in primo piano | sopra | sotto | sulla destra | sulla sinistra

Siamo nel giardino delle Esperidi. ________________ del quadro c'è la dea Venere;
________________ di lei vola il figlio Cupido.
Di fianco a Venere, ________________, c'è Flora, la dea della primavera.
________________ ci sono il vento Zefiro con la ninfa Cloris.
Il primo personaggio ________________ è Mercurio, che controlla il cielo.
________________ a lui danzano le tre Grazie.
________________ dei personaggi, ci sono alberi di arance e molte altre piante.
________________ i piedi dei personaggi vediamo un prato pieno di fiori.

Sai che Botticelli ha realizzato anche alcuni affreschi della Cappella Sistina?
Vai a Roma e visita i Musei Vaticani.

RIEPILOGANDO INFORMAZIONI

Titolo: **La Primavera**
Autore: Sandro Botticelli
Data: 1492 circa
Tecnica: tempera su tavola
Dimensioni: 203 x 314 cm
Ubicazione: Firenze, Galleria degli Uffizi
Committente: Lorenzo di Pierfrancesco de' Medici
(o Lorenzo il Magnifico)

BREVE ANALISI

SOGGETTO Nel giardino delle Esperidi si celebra la Primavera. La protagonista è Venere con altri otto personaggi.
DESCRIZIONE Quest'opera si legge da destra verso sinistra. Nella prima scena il vento Zefiro si unisce alla ninfa Clori. Dalla bocca della ninfa esce una pianta come segno della sua trasformazione in Flora, la dea della primavera, dipinta al suo fianco mentre regala fiori alla terra. Al centro della scena c'è la dea dell'amore e della bellezza, Venere. È più in alto degli altri personaggi e indossa abiti e gioielli tipici dell'epoca del Rinascimento. Il figlio Cupido vola sopra di lei, con l'arco e le frecce e ha una benda sugli occhi, come vuole il mito. Sta per tirare una freccia a una delle Grazie, quella di spalle, simbolo della Castità. L' ultimo personaggio sulla sinistra è Mercurio, il dio della comunicazione, che controlla il cielo. I personaggi sono nel giardino delle Esperidi, un luogo meraviglioso, ricco di piante e fiori di ogni specie.
COMMENTO Questa, come altre opere del Rinascimento, ha vari piani di lettura. Oltre a quella mitologica, molti hanno fatto una lettura storica, legata alla famiglia de' Medici: la Primavera celebra le nozze di Lorenzo di Pierfrancesco de' Medici, cugino di Lorenzo il Magnifico. Un'altra possibile lettura è quella neoplatonica: l'opera rappresenta la vittoria dell'amore spirituale, rappresentato da Venere, sull'amore istintivo, rappresentato da Zefiro e Clori. Le Grazie sono il simbolo della perfezione dell'amore nobile, che porta lo spirito dell'uomo a volare in alto, come ci dice alla fine Mercurio guardando il cielo. Ma ancora oggi si discute sul significato generale dell'opera. Il mistero continua...

SANDRO BOTTICELLI

Firenze 1445 – 1510

1. Dopo l'arrivo a Firenze del frate Savonarola, che critica in ogni aspetto la società rinascimentale, ha una profonda crisi spirituale e brucia molte delle sue opere.
2. Nei suoi dipinti ci sono spesso messaggi segreti: per esempio nella *Venere* c'è chi ha visto nel mantello rosso a destra della dea la forma di un polmone (l'organo che serve per respirare), simbolo neoplatonico del soffio della vita.
3. Da giovane impara il mestiere nella bottega del Verrocchio e lì incontra Leonardo da Vinci. Saranno amici per tutta la vita.
4. Nel suo affresco *Sant'Agostino nello studio*, su un libro aperto, è nascosta una frase: "Dov'è Frate Martino? È scappato. E dove è andato? È fuori dalla Porta al Prato" (e cioè nei prati subito fuori Firenze): Botticelli con questo scherzo ha reso pubbliche le fughe segrete di uno dei frati della chiesa dove stava dipingendo.
5. Vari studiosi riconoscono in molti suoi dipinti il viso di Simonetta Vespucci, una bellissima dama di Firenze, morta giovane e forse poi diventata la musa del pittore.

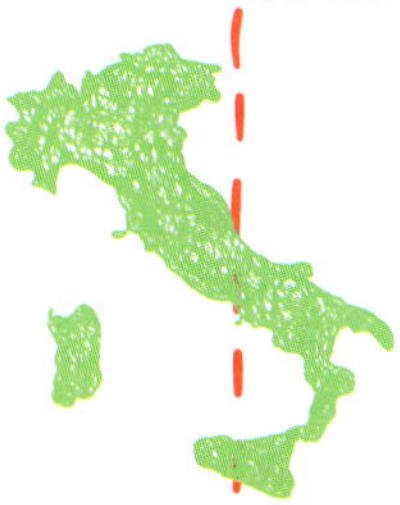

ITINERARI D'ITALIA

Per ammirare le opere di Botticelli potresti organizzare un bel viaggio in treno!

- **Bergamo** (*Accademia Carrara*)
- **Milano** (*Pinacoteca di Brera* e *Palazzo Poldi Pezzoli*)
- **Firenze** (*Galleria degli Uffizi, Galleria dello Spedale degli Innocenti* e *Palazzo Pitti*)
- **Roma** (*Musei Vaticani, Galleria Borghese e Galleria Pallavicini)*
- **Napoli** (*Museo di Capodimonte*)

4. ULTIMA CENA... DI NOTTE!

TRACCIA 04

Milano 2020.
Refettorio della Chiesa di Santa Maria delle Grazie.
Notte.

Una porta si apre, si sentono dei passi e delle voci...

– Zio, sei sicuro? Mi sento una ladra...!
– Cecilia, ti ho già detto che abbiamo il permesso dei frati. Lo sai che ho lavorato per vent'anni al restauro!
– Sì, ma io non vedo niente, dove si accendono le luci?
– Ora ci pensa il custode.

Clic! La luce illumina la stanza. Francesco e sua nipote sono di fronte all'affresco. Cecilia è emozionata, per la prima volta può ammirare l'*Ultima Cena* senza turisti, con calma.

AFFRESCO

significa pittura "a fresco" perché il pittore dipinge con i colori freschi direttamente sul muro. Quando i colori si sono asciugati, non è più possibile cambiare o correggere il dipinto.

NOTE

REFETTORIO

è la sala dove mangiano le persone che vivono in comunità (in questo caso i frati domenicani della Chiesa di Santa Maria delle Grazie).

FRATI

membri di un ordine religioso (francescani, domenicani, benedettini, ecc.).

– Che meraviglia... Leon Battista Alberti ha appena teorizzato il concetto di prospettiva lineare, e Leonardo la utilizza già per attirare subito il nostro sguardo su Gesù, al centro esatto dell'opera.

– Davvero... La sua figura triangolare è imponente... magnetica. Però il suo sguardo è lontano da tutto e da tutti... "*Dove vado io, voi non potete venire...*"

– Ahahahahah, sei proprio innamorata di Leonardo, cara nipotina!

– Sì. Lo stiamo studiando in Accademia. Ieri abbiamo letto delle pagine di Vasari. Mi piace molto quando scrive: "*Leonardo ha dato alle figure sue il moto e il fiato*".

– Eh sì, Vasari in quel momento sta parlando della "maniera moderna".

– Leonardo studiava ogni dettaglio dell'anatomia umana. E poi voleva sempre ritrarre facce vere, facce della strada...

– E infatti è stato molto difficile per lui trovare il volto giusto per Cristo... Lo sapevi? E anche per Giuda... Non riusciva a decidersi. Leonardo era sempre in ritardo sui suoi lavori. Studiava il soggetto notte e giorno, prendendo migliaia di appunti sui suoi taccuini... Ma questo suo bisogno di perfezione era anche la sua grande fragilità...

Cecilia chiude gli occhi. Le sembra di vederlo, Leonardo, genio inquieto, che cammina avanti e indietro: osserva preoccupato la sua opera appena finita...

PROSPETTIVA LINEARE
è la rappresentazione della realtà nello spazio con l'uso di linee, punti e precise regole matematiche. Alberti l'ha teorizzata per primo nel suo libro *De Pictura* (*Sulla Pittura*, in latino).

IMPONENTE
grande e potente.

DOVE VADO IO, VOI NON POTETE VENIRE...
queste parole di Gesù (dal Vangelo secondo Giovanni) hanno dato a Leonardo la giusta ispirazione per dipingere la figura di Cristo.

HA DATO ALLE FIGURE SUE IL MOTO E IL FIATO
ha dato alle sue figure il movimento e il respiro: le figure umane dei suoi dipinti sembrano vive.

ANATOMIA UMANA
studio scientifico del corpo umano.

TACCUINI
quaderni di appunti.

FRAGILITÀ
debolezza (≠ forza).

INQUIETO
nervoso (≠ tranquillo).

Milano 1498.
Refettorio della Chiesa di Santa Maria delle Grazie.
Notte.

– No!!! – improvvisamente la vede. Una grossa crepa.

L'impasto in tempera grassa e uovo purtroppo non durerà. Ma era impensabile per lui usare la formula tradizionale e fissare subito a fresco i colori, i volumi, le sfumature... Impensabile!!

Ora però è tardi. Leonardo è molto stanco. Deve riposare. I frati hanno fretta, vogliono tornare a mangiare nel loro refettorio al più presto.

E così ha dovuto lavorare notte e giorno.

Quattro anni sono volati. Anni di studi, disegni, esperimenti... Prende il suo taccuino, lo rilegge mentre cammina, riguarda i ritratti... tutte quelle facce, lo studio delle posizioni degli Apostoli, i movimenti, le espressioni...

Leonardo continua a rileggere i suoi appunti e quasi non si accorge di essere arrivato a casa. Tutto è buio, non c'è nessuno.

"Il mio Salaì non è ancora tornato..." pensa preoccupato. Guarda nella sua stanza. Il letto in disordine, vestiti e scarpe dappertutto.

"Speriamo che torni sano e salvo a casa". Come ogni notte, Leonardo va a letto con questo pensiero.

Ma oggi anche con un'altra preoccupazione: la crepa, la crepa, la crepa!

– Cecilia? Cecilia! Stai bene?

Cecilia riapre gli occhi. Lo zio la sta guardando un po' preoccupato.

– Scusa, zio, stavo cercando di immaginare la reazione di Leonardo di fronte alle prime crepe del suo capolavoro.
– Ci ho pensato anche io tante volte mentre lavoravo al restauro...
– Secondo te Leonardo sapeva che il suo affresco era destinato a scomparire?
– Cara nipote, non so risponderti, con Leonardo i misteri resteranno sempre tanti...

CREPA
un grande taglio nel muro.

IMPASTO IN TEMPERA
preparazione di colore in polvere con acqua, uovo e altri ingredienti.

SONO VOLATI
(inf. *volare*)
sono passati molto in fretta.

APOSTOLI
i primi dodici uomini che hanno seguito Gesù.

SI ACCORGE
(inf. *accorgersi*)
realizza, capisce.

SALAÌ
significa Saladino e si usava in quel periodo in Italia con il significato di "diavolo". Leonardo chiamava così Gian Giacomo Caprotti, il suo allievo più fedele e più amato, perché era un ragazzo bellissimo, ma anche egoista, vanitoso e ribelle.

SANO E SALVO
è un modo di dire, significa *vivo e in buona salute*.

LINEAMENTI
le forme del viso (naso, mento, fronte, ecc.).

NOMEN OMEN
è latino e significa *il nome è un destino*. La bellezza e l'eleganza del custode Leonardo ricordano a Cecilia quelle dell'artista Leonardo.

Cecilia osserva ancora il *Cenacolo*: i gruppi simmetrici degli Apostoli, le geometrie rigorose, lo sfondo con il tramonto dietro la testa di Gesù. E poi ogni gesto, ogni espressione, ogni movimento degli Apostoli: tutto ha un significato preciso...

È sempre così: quando Cecilia guarda il *Cenacolo*, il mondo scompare e il tempo si ferma.
E infatti ora è sola.
Da quanto tempo suo zio è uscito? E che ore sono?
Improvvisamente è tutto buio, non vede più niente!!!

– Zio? – Cecilia sente dei passi.
– Zio, sei tu?
– No, sono Leonardo.
– Leonardo???
– Sì, Leonardo, il custode!

Le luci si accendono di nuovo e Cecilia vede all'ingresso un ragazzo con la barba e i capelli biondi.

– Scusi, ho spento tutto quando il signor Francesco è uscito. Non sapevo...

Cecilia lo guarda: è alto, ha i lineamenti eleganti e lo sguardo luminoso.
"***Nomen omen***" pensa divertita. Poi sorride e se ne va.

▶ ispirazioni: film *"La vita di Leonardo da Vinci"* di Renato Castellani, 1971

ATTIVITÀ

1 • Vero o falso? *Leggi il racconto e poi segna se le affermazioni sono vere (V) o false (F).*

		V	F
a.	Cecilia e Francesco entrano di nascosto nel refettorio della chiesa di Santa Maria delle Grazie.	☐	☐
b.	Francesco ha lavorato come restauratore del *Cenacolo*.	☐	☐
c.	È la prima volta che Cecilia si trova di fronte al *Cenacolo*.	☐	☐
d.	Leonardo ha detto: "Dove vado io, voi non potete venire".	☐	☐
e.	Cecilia sta studiando all'Accademia di Brera.	☐	☐
f.	Per Leonardo era importante ritrarre persone reali.	☐	☐
g.	Leonardo ha ritratto per primi Cristo e Giuda.	☐	☐
h.	Leonardo prendeva moltissimi appunti sui suoi quaderni.	☐	☐
i.	Leonardo ha notato una crepa sul suo dipinto.	☐	☐
l.	Leonardo ha lavorato poco al *Cenacolo* negli ultimi anni.	☐	☐
m.	A casa di Leonardo vive anche un suo allievo che lui chiama il "Salaì".	☐	☐
n.	Cecilia e suo zio escono insieme dal refettorio.	☐	☐

2 • L'impasto non durerà! *In italiano, quando si parla di periodi di tempo si usano spesso due verbi:* **durare** *e* **mancare**.

▪ Quanto dura la visita al *Cenacolo*?
• Purtroppo dura solo 15 minuti...

Il tempo è l'oggetto del verbo.

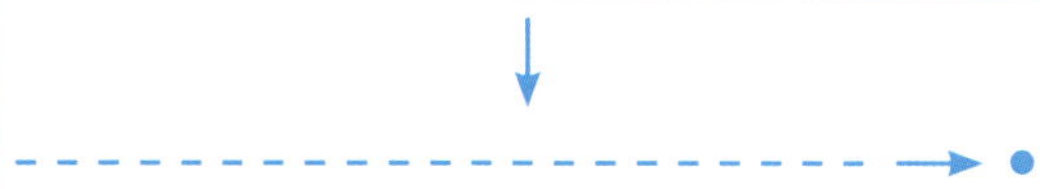

▪ Quanto manca? Sono stanchissima!
• Eh, mancano ancora due ore all'arrivo. Vuoi riposare un po'?

Il tempo è il soggetto del verbo.

Durare *o* **mancare**? *Leggi e completa le frasi con il verbo adatto, nella forma corretta.*

a. Il film su Leonardo del 1971 è molto interessante, ma secondo me ___________ un po' troppo.
b. • Fabio, se non ti interessa il documentario su Michelangelo, puoi aspettarmi fuori!
▪ Ma no, ___________ solo dieci minuti alla fine, giusto?
c. • Quanti giorni ___________ all'inaugurazione della mostra?
▪ ___________ solo una settimana, ma ci sono ancora molte cose da fare!
d. • Quanto ___________ il tuo master in architettura?
▪ Non lo so precisamente, devo ancora guardare sul sito...
e. Forza ragazzi, finite il vostro disegno! ___________ solo 5 minuti e poi il tempo è scaduto.
f. Leonardo era vegetariano. Il suo amore per gli animali ___________ tutta la vita.
g. Non coprire la tela! Il colore è non è ancora asciutto. Secondo me ___________ ancora dieci minuti.

Con lo stesso significato di **mancare**, puoi usare anche **volerci**.

- Quanto ci vuole per arrivare?
- Eh, ci vogliono ancora due ore purtroppo. Vuoi riposare un po'?

Mancare ha anche altri significati:

- assenza di qualcosa o qualcuno
  - Chi manca oggi?
  - Mancano Marco e Sonia. Sono tutti e due malati!
- nostalgia di un'altra persona (con i pronomi indiretti)
  - Luigi è tornato dal Canada?
  - Sì, è stato fuori solo una settimana, ma mi è mancato* moltissimo!

* **Mancare** e **durare** vogliono l'ausiliare essere per i tempi composti.

Attenzione! C'è anche un altro **mancare**: è il contrario di **fare centro**, **centrare**.

3 • Ora ci pensa il custode *In italiano la particella **CI** ha tantissime funzioni diverse! Guarda lo schema e scegli: quale **CI** è più simile a quello del racconto?*

a. Ci vediamo domani. ▶ (*vedersi* - **reciproco**) ◯

b. Ci divertiamo molto insieme. ▶ (*divertirsi* - **riflessivo**) ◯

c. Ci provo... ▶ Provo a fare questa cosa. ◯

d. Ci mandi una mail? ▶ Mandi a noi una mail? ◯

e. Ci vogliono 10 minuti. ▶ Sono necessari 10 minuti. ◯

f. Ci chiama lui domani. ▶ Lui chiama noi domani. ◯

g. Ci andiamo sempre. ▶ Andiamo sempre in quel luogo. ◯

ATTIVITÀ

4 • Ci ho pensato *In italiano alcuni verbi usano* **CI** *per indicare un contesto. Prova ad associare ad ogni situazione il verbo adatto.*

ci penso | **ci credo** | **ci conto** | **ci spero** | **ci provo** | **ci riesco**

a. • Cristina, mi prometti che verrai alla mia mostra venerdì?
▪ Sì, assolutamente.
• Allora _______________! Che bello, ci vediamo venerdì.

b. • Ma è vero che tuo figlio ha deciso di lasciare l'Accademia?
▪ Così dice. Ma potrebbe cambiare idea, io _______________...

c. • Non puoi mangiare dolci tutti i giorni, ti fanno male!
▪ Lo so, dovrei mangiarne meno, ma non _______________. Sono troppo goloso!

d. • Allora mi consegnerai il progetto con due giorni di anticipo?
▪ Non ne sono sicura, ma _______________.
• Brava, così mi piaci!

e. • È stata una settimana terribile. Ha piovuto tutto il tempo e quindi ci siamo annoiati.
▪ _______________! Con la pioggia quel posto è un disastro.

f. • Secondo me questo vestito è perfetto per Lei.
▪ Non lo so, non sono convinta... _______________ un po' e magari torno domani.

5 • Non riusciva a decidersi *In italiano* riuscire a + infinito *significa* **avere le qualità**, **le abilità per fare qualcosa**. *Quindi ha una funzione diversa da* **potere** *e* **sapere**.

posso fare qualcosa
per cause esterne o per la mia volontà
so fare qualcosa
perché ho imparato a farla
riesco a fare qualcosa
per le mie qualità, capacità, abilità

Sapere, **potere** *o* **riuscire a**...? *Leggi le frasi e scegli il verbo adatto.*

a. In questo periodo Daniele non **sa** / **riesce a** dormire bene, è troppo preoccupato.
b. La conferenza è finita, adesso **potete** / **sapete** parlare.
c. Ormai i miei figli sono diventati grandi: **sanno** / **riescono a** guidare!
d. Evviva, **posso** / **so** uscire stasera, perché ho finito tutti i compiti!
e. Sto cercando nella memoria l'autore di quest'opera, ma non **riesco a** / **posso** ricordarlo.
f. Sono informazioni riservate, non **riesco a** / **posso** parlare...
g. Giovanna ha paura di andare in barca perché non **può** / **sa** nuotare.

6 • Gli Apostoli *Il Cenacolo sembra quasi la scena di un film. Dopo le parole di Gesù tutti gli Apostoli si muovono e reagiscono. Ma... chi è chi? Guarda l'immagine sotto. Leggi le descrizioni e scrivi i nomi degli Apostoli.*

MATTEO
Ha i capelli corti e ricci. Tende le braccia verso Cristo, ma con il busto e il viso si gira verso Simone e Taddeo.

GIACOMO MINORE
Ha i capelli lunghi. Guarda Gesù. La sua mano destra è sul braccio di Andrea, e l'altra tocca la spalla di Pietro.

FILIPPO
Non ha la barba, è in piedi e ha le mani sul petto.

PIETRO
Ha la barba. Ha un coltello nella mano destra e sembra molto arrabbiato.

ANDREA
È pelato e ha la barba lunga.
È fermo e solleva in alto le mani.

GIOVANNI
Ha i capelli lunghi e non ha la barba.
Ha gli occhi chiusi.

TOMMASO
Ha i capelli ricci e la barba. Guarda Gesù e punta il dito verso l'alto.

GIACOMO
Ha i capelli lunghi e la barba. Ha le braccia aperte per comunicare la sua innocenza.

GIUDA
Ha la barba. Nella mano destra ha una piccola borsa. Con il busto si allontana da Gesù e lo guarda sorpreso e preoccupato.

BARTOLOMEO
Ha i capelli corti.
È in piedi, ha le mani sul tavolo e guarda Gesù. È molto preoccupato.

(GIUDA) TADDEO
Ha i capelli e la barba lunghi. Guarda preoccupato Simone e ha una mano sul petto.

SIMONE
È pelato e ha la barba. Le sue mani sono aperte verso l'alto, per comunicare la sua meraviglia.

7 • La parola agli Apostoli *Come scrive Giorgio Vasari,* **Leonardo ha dato alle sue figure il movimento e il respiro**. *Che cosa stanno dicendo gli Apostoli? Proviamo a immaginarlo. Leggi le battute e completa il disegno con i fumetti mancanti, come negli esempi.*

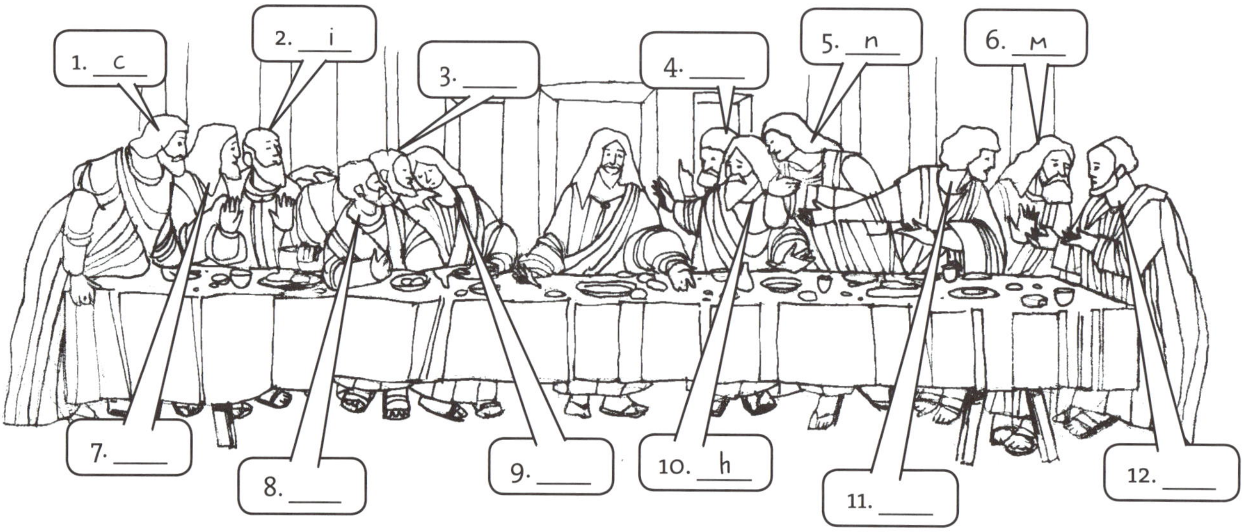

a. Pietro, per favore, calmati.

b. Chi di noi può mai fargli questo?! Se lo scopro, lo ammazzo!

c. Ma cosa stai dicendo Gesù?

d. Ma avete sentito che cosa ha detto?!

e. Ma chi può essere? Io proprio no.

f. Oh no... Come può già sapere che lo tradirò?

g. ...

h. Io non ho niente da nascondere.

i. Di certo non sono io il traditore!

l. Sei sicuro di quello che stai dicendo?

m. Non so, non ho parole!

n. Io sono innocente!

LE TECNICHE PITTORICHE (PRIMA PARTE)

L'ACQUERELLO

pittura con colori diluiti in acqua

L'AFFRESCO

pittura sul muro con l'intonaco ancora fresco

LA PITTURA A TEMPERA

pittura con colori mescolati insieme ad altri ingredienti (compresi l'uovo e la caseina)

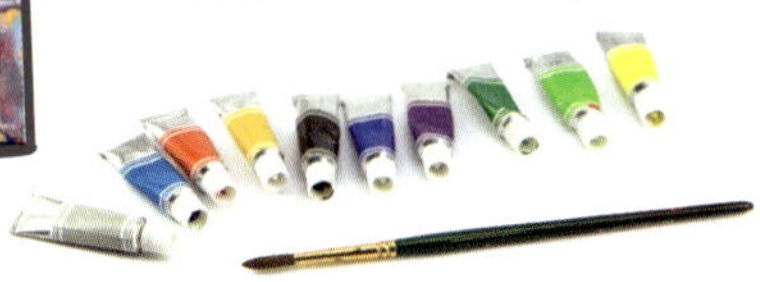

LA PITTURA A OLIO

pittura con colori mescolati con olio

8 • Chiudi gli occhi... *Leggi la descrizione del Cenacolo e completa il testo con le espressioni adatte.*

al centro | al suo fianco | con il busto | destra | divisi in | è ambientata | è seduto | in fondo | in mano | in primo piano | nella mano destra | sinistra | sulle pareti laterali | sullo sfondo | sullo stesso lato

_______________ c'è una tavola apparecchiata.
Tutti i personaggi sono _______________ della tavola. _______________ della tavola c'è Gesù. Alla sua _______________ e alla sua _______________ ci sono gli apostoli _______________ due gruppi di tre persone.
La scena _______________ in una sala. Sulla parete _______________ ci sono tre finestre. Dalle finestre, _______________ si vede un paesaggio naturale con la luce del tramonto. _______________ ci sono degli arazzi.
Pietro sta dicendo qualcosa, sembra molto arrabbiato e ha un coltello _______________.
Giovanni _______________ ha gli occhi chiusi. Vicino a Pietro _______________ Giuda.
Ha _______________ una borsa con le trenta monete. _______________ si allontana da Gesù e lo guarda sorpreso e preoccupato.

ATTIVITÀ

LA PROSPETTIVA (SECONDA PARTE)

Quando è a Milano alla corte di Ludovico il Moro[1], dopo una terribile epidemia di peste, Leonardo lavora alla ristrutturazione della città. La sua città ideale però è più funzionale di quella degli altri urbanisti rinascimentali: tra le varie novità ci sono la divisione della città su due livelli, una rete di canali sotterranei e un sistema fognario[2].

Il dipinto "La città ideale" è uno dei simboli del Rinascimento, con tutte le leggi della **prospettiva lineare**. Osserva con attenzione il dipinto.

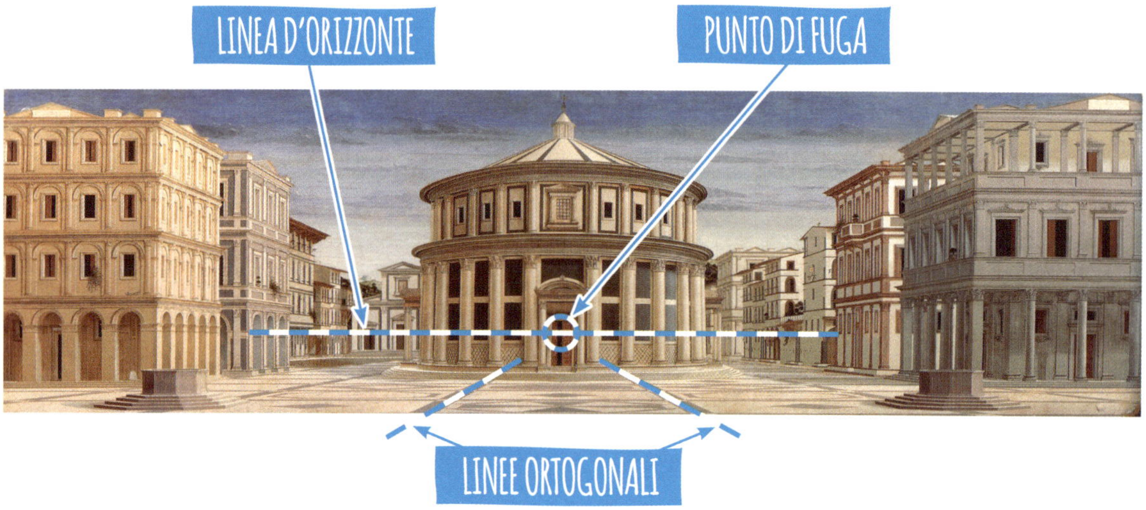

Titolo: La città ideale
Autore: sconosciuto
Data: 1480 – 1490
Tecnica: tempera su tavola

Dimensioni: 460x880 cm
Ubicazione: Urbino, Galleria Nazionale delle Marche
Committente: Federico da Montefeltro

[1] Ludovico il Moro: Ludovico Sforza, detto "il Moro", Signore di Milano • [2] sistema fognario: sistema per eliminare gli scarichi di acqua sporca dalle case

9 • L'ultima cena in prospettiva *Completa il testo con le espressioni giuste.*

al centro | geometrie | lato | linea d'orizzonte | linee ortogonali
piramide | prospettiva lineare | punto di fuga

Nel Cenacolo Leonardo usa i numeri e le leggi della ________________ per creare precise ________________ simboliche. La figura di Cristo forma una ________________. Gli apostoli, a gruppi di tre, due da un ________________ e due dall'altro, formano quattro triangoli. La ________________ attraversa le teste degli apostoli e divide la stanza a metà. Le ________________ seguono gli arazzi alle pareti e il soffitto a cassettoni e arrivano tutte al viso di Cristo, ________________ esatto dell'opera: questo è il ________________.

10 • Lo schema prospettico *Completa con le espressioni giuste.*

linea d'orizzonte | linee ortogonali | punto di fuga

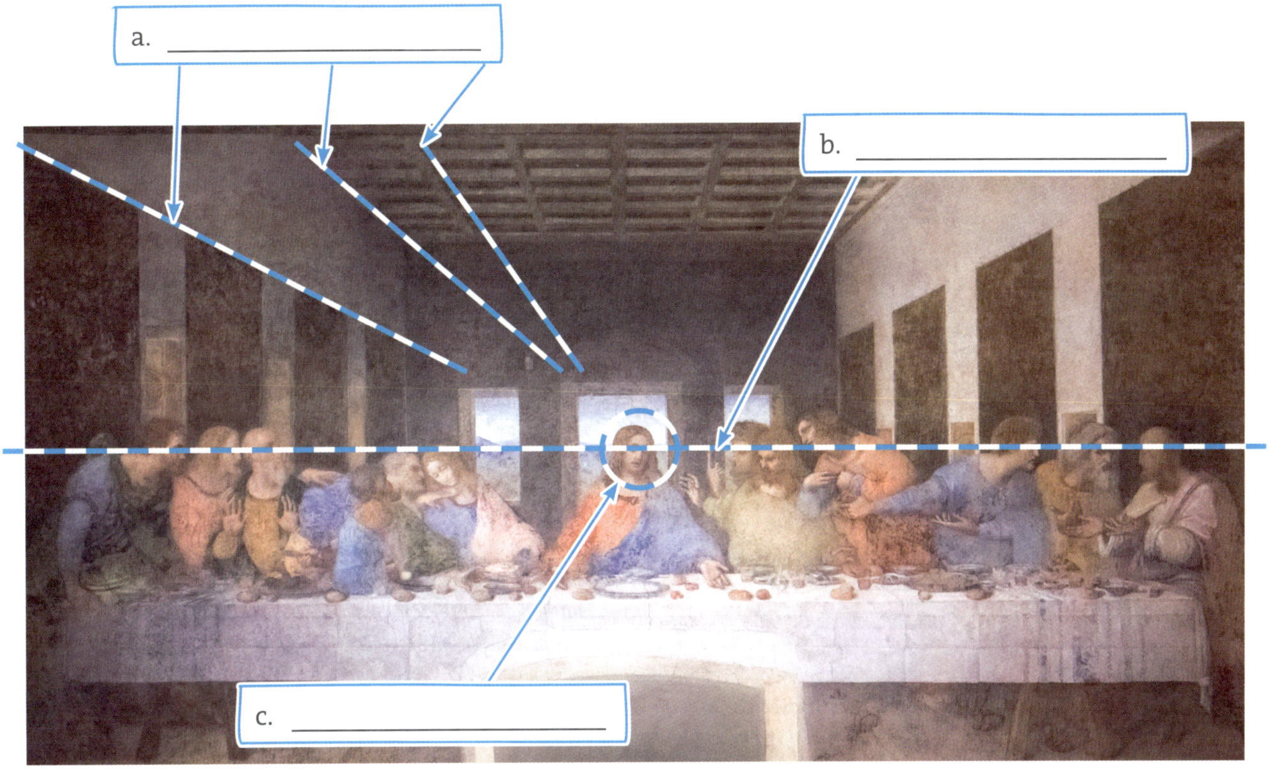

LO SAI CHE...

Oggi **la Gioconda** è il quadro più famoso al mondo.
Ma chi è questa donna? Ufficialmente è Lisa Gherardini, moglie di Francesco del Giocondo, un ricco mercante toscano.
Ma gli studi hanno evidenziato elementi non chiari.
Alcuni studiosi dicono che si tratta in realtà del ritratto mascherato di una persona molto amata da Leonardo: il Salaì. Altri affermano che potrebbe essere un ritratto autobiografico, la rappresentazione dell'anima stessa di Leonardo.

APPUNTI DI STORIA DELL'ARTE

L'Uomo Vitruviano

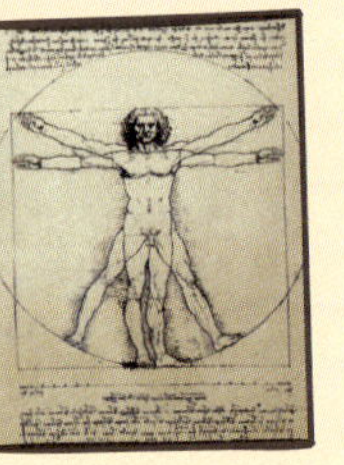

È uno dei disegni più famosi nella storia dell'arte, si ispira a un importante studio antico sulle proporzioni umane, il *De Architectura* di Vitruvio (I sec. a.C.), e diventa un vero modello per gli artisti, soprattutto durante il Rinascimento. Rappresenta l'unione tra arte e scienza. L'Uomo Vitruviano è perfetto sia nel cerchio, simbolo dell'universo, sia nel quadrato, simbolo della terra. L'essere umano è quindi in completa armonia con la creazione. È nato l'uomo moderno.

11 • Le invenzioni di Leonardo *Leonardo è stato anche un grande inventore. Grazie ai suoi appunti sono nate alcune di queste invenzioni. Quali?*

a. 

b. 

c. 

d. 

e. 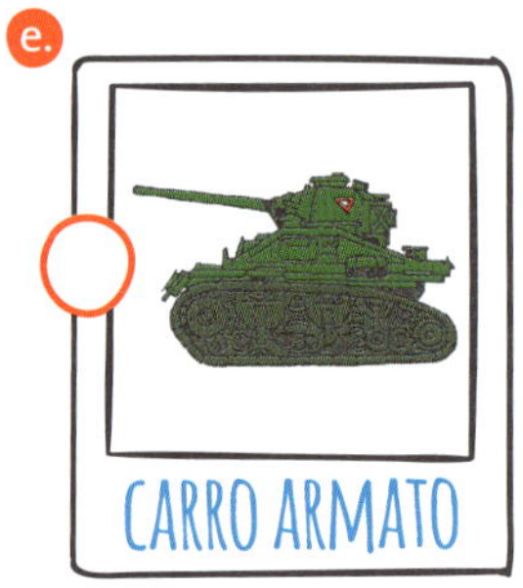

f. 

g. 

h. 

i. 

l. 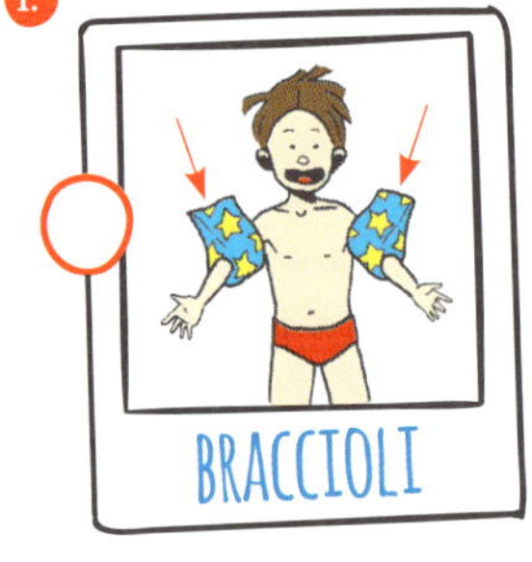

m. 

n. 

Vuoi ammirare le invenzioni di Leonardo?
Vai a Milano al Museo della Scienza e della Tecnologia "Leonardo da Vinci".

Titolo: **Ultima cena** o **Cenacolo**
Autore: Leonardo Da Vinci
Data: 1495 - 1497
Tecnica: tempera e olio su intonaco asciutto
Dimensioni: 460 x 880 cm
Ubicazione: Milano, Refettorio della Chiesa di Santa Maria delle Grazie
Committente: Ludovico il Moro della famiglia Sforza, duca di Milano

BREVE ANALISI

SOGGETTO L'ultima cena di Gesù con gli Apostoli.
DESCRIZIONE Gesù sta cenando con i suoi Apostoli e ha appena annunciato: "Uno di voi mi tradirà". È il tramonto. La scena è ambientata in una sala. In primo piano c'è una tavola apparecchiata con tutti i personaggi sullo stesso lato (Giuda non è seduto da solo dalla parte opposta del tavolo, come nella tradizione, ma insieme agli altri). Al centro esatto dell'opera c'è Gesù. Alla sua sinistra e alla sua destra ci sono gli Apostoli.
COMMENTO La scena mostra il movimento delle emozioni attorno a Gesù subito dopo le sue parole, dalle più violente degli Apostoli vicini alle meno intense di quelli più lontani. Il risultato è magnifico perché è teatrale e reale allo stesso tempo. Infatti, come in tutte le opere di Leonardo, i personaggi sono uomini comuni, scelti dalla strada.
Interessante è anche l'uso dello *sfumato*, una tecnica inventata da Leonardo per aumentare la profondità del paesaggio sullo sfondo: sono le origini della prospettiva aerea.
Sotto la tavola, si vedono i segni di un'apertura: i frati, due secoli dopo la creazione del Cenacolo, decidono di collegare il refettorio con la cucina, per avere sulla tavola il cibo ancora caldo. Il clima molto umido e altri eventi della storia hanno quindi rovinato nei secoli il lavoro già fragile di Leonardo. Per questo tra il 1977 e il 1999 restauratori di tutto il mondo hanno lavorato insieme per salvare questo capolavoro.
È stato il restauro più importante di tutti i tempi.

LEONARDO DA VINCI

Vinci 1452 – Amboise 1519

1. Per anni studia di nascosto i cadaveri per i suoi esperimenti di anatomia.
2. È mancino e scrive quasi sempre i suoi appunti al rovescio, da destra verso sinistra.

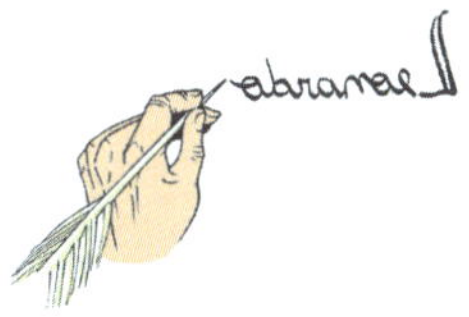

3. È molto bello e ama vestirsi in modo raffinato e originale.
4. Per i suoi ritratti inventa una nuova posizione: il *contrapposto*: il personaggio non sta né di fronte né di profilo, ma in una posizione intermedia.

5. È vegetariano.
6. I suoi appunti più importanti sono conservati nella Biblioteca Ambrosiana di Milano.
7. A Firenze conosce il giovane Michelangelo. I due diventano grandi rivali.
8. Il suo genio non ha confini: compone musiche, crea costumi e scenografie per le feste, scrive indovinelli, inventa barzellette....
9. Nel 1994 uno dei suoi taccuini è venduto per circa 30 milioni di dollari.

ITINERARI D'ITALIA

Vuoi scoprire di più su Leonardo? Crea il tuo itinerario su *Tripline* (o altre piattaforme simili). Per esempio, a Milano, parti dal **Museo Nazionale della Scienza e della Tecnologia "Leonardo Da Vinci"** e poi da lì raggiungi **piazza Santa Maria delle Grazie**. Di fronte potrai visitare l'interessante complesso della **Vigna di Leonardo**. Dopo vai alla **Biblioteca Ambrosiana** e concludi la tua passeggiata raggiungendo il **Castello Sforzesco**.

5. LA VITA NELLA MATERIA

TRACCIA 05

Firenze, 15 agosto 1501.

Michelangelo cammina su e giù nella sua stanza. È nervoso. Ha tante commesse da realizzare in poco tempo e poi domani Soderini lo vuole incontrare al Deposito dell'Opera del Duomo. Perché?

Nella notte Michelangelo fa un sogno: un lungo blocco di marmo di Carrara è al centro della sua bottega. Le altre statue non ci sono. Una voce parla, ma lui non riesce a capire...

La mattina si sveglia all'improvviso. È tardissimo!!

Corre al deposito.

– Finalmente! – gli dice Soderini – Gli Operai mi hanno chiamato per un problema. Vieni.

NOTE

COMMESSE
lavori da fare per altre persone (i committenti). In questo caso sono soprattutto sculture.

(PIER) SODERINI
importante uomo politico del Rinascimento italiano e del governo di Firenze.

OPERA DEL DUOMO
gruppo di persone (gli Operai) che a quell'epoca organizzavano tutte le "opere" più importanti per la città. In quel periodo erano sotto il controllo dei Consoli dell'Arte della Lana (i produttori e commercianti della lana, il gruppo più potente della città). Per questo anche il simbolo dell'Opera è un agnello.

AGNELLO

GIGANTE
il masso era gigante, cioè grandissimo, e già con qualche segno di scalpello. I **giganti** erano creature mitologiche grandissime e molto forti.

GIGANTI

MAESTRO
è Leonardo (Da Vinci): i fiorentini lo chiamavano "il Maestro".

SALONE DEI CINQUECENTO
la sala più grande di Palazzo della Signoria. Qui Leonardo e Michelangelo inizieranno a realizzare due enormi affreschi, ma nessuno dei due finirà l'opera.

DAVID
Davide, eroe della Bibbia, è un giovane che riesce a uccidere il gigante Golia solo con una frombola (antica **fionda**).

FIONDA

Michelangelo entra e vede il marmo, enorme, al centro della stanza: sembra il marmo del suo sogno!

– Gli Operai non sanno più che cosa fare con questo masso rovinato. – spiega Soderini – Lo chiamano il Gigante... è un marmo molto difficile. Tu che dici?

Michelangelo non risponde. La sua mente sta cercando, dentro la materia, la voce del suo sogno.

Palazzo della Signoria. Sera.

Soderini, Michelangelo e un Operaio stanno discutendo.

– Posso scolpire quel marmo. – dice Michelangelo – Anzi, lo devo scolpire!
– C'è un problema... – dice l'Operaio – Noi formalmente lo abbiamo già dato al Maestro Leonardo...
– A Leonardo?
– Sì, ma il Maestro è molto occupato in questo periodo...
– Ah certo, lui è sempre molto occupato! Se volete un lavoro non finito, datelo al Maestro!
– Michelangelo, non ti arrabbiare... – dice Soderini.

In realtà la competizione tra i due geni lo diverte molto. E infatti ha già un'idea: due grandi affreschi nel salone dei Cinquecento, uno per Leonardo e uno per Michelangelo... Ma non è questo il momento per parlarne.

– E se invece lo diamo a te, cosa puoi fare con il Gigante? – chiede l'Operaio.
– Un David – dice Michelangelo.
– David? – Soderini non sembra convinto – Ma scusa, la testa di Golia dove la metti?
– Non ci sarà.

È sera, Michelangelo cammina in fretta verso casa. – Liberare l'anima dalla materia... – pensa, mentre apre la porta della sua bottega.

2 • Finalmente! *In italiano* **alla fine** *e* **finalmente** *non hanno lo stesso significato. Ti ricordi qual è la differenza? Prova a completare le frasi.*

Finalmente / Alla fine ha anche un elemento di positività,
mentre **finalmente / alla fine** è una parola neutra (né positiva, né negativa).

a. ▪ Michelangelo, cosa avete deciso **alla fine / finalmente**?
• Dopo molte discussioni, ho dovuto accettare la richiesta degli Operai.

b. ▪ Sei contento, Raffaello?
• Certo! **Finalmente / Alla fine** potrò ammirare il nuovo capolavoro di Michelangelo.

c. ▪ **Finalmente / Alla fine**, Leonardo, cosa pensi veramente di Michelangelo?
• Penso che sia un vero genio.

3 • Gli dà persino dei consigli! *Ti ricordi che funzione ha in italiano* **persino / perfino**? *Scegli l'opzione corretta.*

Persino / Perfino dà a una parola (o a una frase) un valore di
☐ sorpresa ☐ soddisfazione ☐ negazione
da parte di chi parla.

La gente dà **persino** dei consigli a Michelangelo!

A volte si può usare anche **addirittura** con la stessa funzione.

La gente dà **addirittura** dei consigli a Michelangelo!

Altre volte, invece, **addirittura** ha un significato diverso.

▪ Michelangelo ha dipinto quasi da solo la volta della Cappella Sistina.
• **Addirittura!**

In questo caso non è possibile usare **perfino / persino**, perché qui **addirittura** significa ↓

▪ Michelangelo ha dipinto quasi da solo la volta della Cappella Sistina.
• **Davvero? Incredibile.**

Ora leggi le frasi e scegli dove mettere **persino** / **perfino**, *come nell'esempio.*

a. Michelangelo è anche | un poeta: scrive versi | su tutto | [persino] sulle sue fatiche nella Cappella Sistina.

b. Tutti ammirano | la bellezza del *David*, | Leonardo, | grande rivale di Michelangelo.

c. | il Papa è sconvolto quando vede | il *Giudizio Universale* | per la prima volta.

d. A quindici anni | Michelangelo | era già più bravo di tutti gli altri, | del suo Maestro, | il Ghirlandaio.

e. Michelangelo | ha un carattere difficile e | litiga con tutti, | con il Papa.

APPUNTI DI STORIA DELL'ARTE

I non-finiti michelangioleschi

Soprattutto nella seconda parte della sua vita, Michelangelo scolpisce moltissimo, anche senza commissioni. Lo fa soprattutto per se stesso. Il suo desiderio è liberare la materia, come sempre, ma non è più necessario – o a volte non è possibile – completare il lavoro sulle figure, renderle belle e "perfette". Queste sculture restano così in parte ancora dentro la materia e sembrano lottare per uscire. Gli studiosi le hanno chiamate non-finiti michelangioleschi.

Una di queste, la *Pietà Rondanini*, è la scultura a cui Michelangelo lavora fino alla morte ed è una delle sue opere più intense. La Madonna è dietro Gesù e lo tiene per le ascelle[1]: è la prima pietà in verticale della storia dell'arte. Se volete vederla, la trovate al Castello Sforzesco di Milano.

[1] ascelle: 

ATTIVITÀ

SCOLPIRE IL MARMO (PRIMA PARTE)

LA PREPARAZIONE

si realizza un modello in gesso

PRIMA FASE

LA SBOZZATURA

si toglie il grosso della materia in base alle caratteristiche del modello

GLI STRUMENTI

IL MARTELLO

LA SUBBIA

LO SCALPELLO A TAGLIO

SECONDA FASE

LA LAVORAZIONE

si lavora il marmo seguendo il modello

GLI STRUMENTI

LA GRADINA

TERZA FASE

LA LEVIGATURA

si rende più lucida e liscia la superficie del marmo

GLI STRUMENTI

LA RASPA

LA LIMA

4 • L'arte di scolpire *Leggi il testo e completa con le parole mancanti.*

gradina | **lavorazione** | **levigatura** | **lima** | **marmo**
materia | **modello** | **raspa** | **scolpire** | **subbia**

_______________ significa dare forma partendo dalla _______________ grezza. Nel caso del _______________, per esempio, prima si realizza un _______________ in gesso e poi con la _______________ si passa alla sbozzatura. Per la _______________ vera e propria, invece, si usa la _______________, così da definire meglio le forme. Infine, per la rifinitura delle parti più sottili si usano solito la _______________ e la _______________. A volte si usa anche una raspa più sottile per la _______________.

SCOLPIRE IL MARMO (SECONDA PARTE)

LE FORME

IL BUSTO

scultura a tutto tondo solo della parte superiore di una figura umana

LA STATUA

scultura di una figura completa a tutto tondo (cioè realizzata per intero, sia davanti che dietro)

IL GRUPPO SCULTOREO

gruppo di statue che formano una sola opera

LA STATUA EQUESTRE

scultura a tutto tondo di una figura umana su un cavallo

IL RILIEVO

scultura frontale che viene fuori solo in parte da un piano

L'ALTORILIEVO

la scultura viene fuori molto dal piano

IL BASSORILIEVO

la scultura viene fuori poco dal piano

ATTIVITÀ

IL CORPO

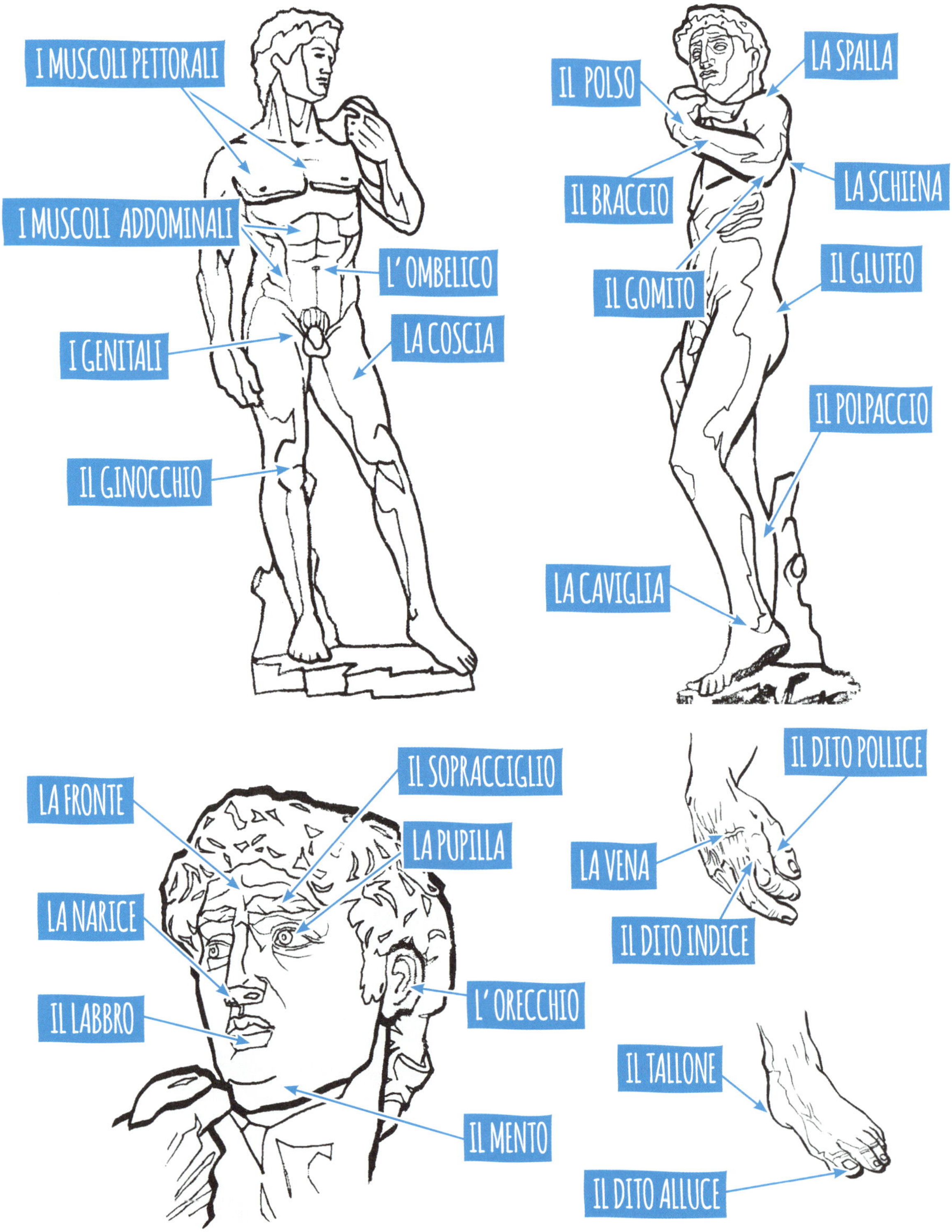

5 • Una bellezza classica *Leggi la descrizione e completa con le parole giuste.*

braccio (x2) | **corpo** | **fronte** | **gamba (x3)** | **labbro**
mano | **narici** | **spalla** | **tallone** | **testa**

Il David ricorda le statue dell'antica Grecia: è nudo e la postura del ________________ è a *chiasmo*, e cioè il ________________ sinistro e la ________________ destra sono in tensione, mentre il ________________ destro e la ________________ sinistra sono rilassati. Il braccio sinistro è piegato verso la ________________, dove David tiene la fionda. Nella ________________ destra invece tiene il sasso. Il ________________ della ________________ sinistra è sollevato per indicare che si sta preparando al movimento. La ________________ è voltata verso sinistra. La ________________ è corrucciata[1], lo sguardo è intenso e le ________________ sono dilatate[2]: è la fase di pensiero prima dell'azione. Il ________________ superiore sollevato sembra dare all'espressione del David anche una sfumatura di disprezzo.

[1] corrucciata: non rilassata. • [2] dilatate: allargate.

LO SAI CHE...

Oggi il David originale di trova nella Galleria dell'Accademia, un luogo migliore per la conservazione della statua. Quello in piazza della Signoria è opera dello scultore Luigi Arrighetti, vincitore di un concorso organizzato proprio per la realizzazione di una copia del David nel 1910. Un'altra copia si trova in piazzale Michelangelo, sempre a Firenze.

6 • Conosci altre opere di Michelangelo? *Leggi le frasi e trova le opere corrispondenti.*

Pietà Vaticana | **Mosè** | **Pietà Rondanini** | **Tondo Doni** | **San Bartolomeo**
Cristo Giudice | **Creazione di Adamo** | **Sibilla Delfica**

a. Quattro di queste opere sono particolari degli affreschi della Cappella Sistina. Quali?

____

b. Michelangelo lavora a una di queste opere fino alla sua morte. Quale?

____

c. In una di queste opere c'è un autoritratto di Michelangelo. In quale?

____

d. Michelangelo ha realizzato una di queste opere a soli 23 anni. Quale?

____

e. Una di queste opere fa parte della tomba di papa Giulio II. Quale?

____

APPUNTI DI STORIA DELL'ARTE

Il miracolo della Cappella Sistina
Michelangelo realizza gli affreschi della Cappella Sistina in due momenti diversi.

La volta (1508 – 1512)
Quando il Papa gli chiede di realizzare gli affreschi della volta, Michelangelo rifiuta: lui è uno scultore, non un pittore! Alla fine, però accetta, proprio perché sembra una missione impossibile: affrescare una superficie immensa, non piana e a 20 metri di altezza... Infatti, lavora in condizioni difficilissime.
Il risultato però è un miracolo: in soli quattro anni Michelangelo realizza più di trecento figure umane (il Papa gli aveva chiesto solo i dodici Apostoli!).
Sono i personaggi delle Storie della Genesi (e cioè le origini del mondo e dell'umanità secondo la Bibbia), come la famosissima **Creazione di Adamo**.

La parete (1536 – 1541)
Anche in questo caso, quasi trent'anni dopo, Michelangelo all'inizio non vuole accettare la commessa. L'artista è più anziano e ha sempre molto lavoro. Alla fine, però, accetta.
Questa volta deve dipingere il muro dietro l'altare della Cappella. Soggetto: il **Giudizio Universale**.
Michelangelo realizza un'opera grandiosa e completamente nuova rispetto alla tradizione: il suo Cristo, per esempio, è senza barba, muscoloso e quasi nudo, come un dio greco.
Come spesso succede, ci sono riferimenti a persone reali (c'è anche Michelangelo...) Ma i corpi nudi non piacciono a tutti. Poco dopo la morte dell'artista, il Concilio di Trento[1] decide di far ricoprire la maggior parte dei genitali. Lo fa un collaboratore di Michelangelo, Daniele da Volterra[2].
Questi ritocchi[3] si possono vedere ancora oggi. Infatti, i restauratori moderni hanno deciso di conservarli per il loro valore storico.

[1]Concilio di Trento: riunione dei membri più importanti della Chiesa Cattolica per decidere come combattere i protestanti. • [2]Daniele da Volterra: per questo, diventerà per tutti il *Braghettone* – da *braghe*, e cioè mutande . • [3]ritocchi: correzioni su un'opera già finita.

LO SAI CHE...

Se guardi il cielo nel *Giudizio Universale* noterai che il suo colore è molto più intenso e brillante di quello della volta della Cappella Sistina. Eppure sono stati entrambi dipinti da Michelangelo... Come mai sono così diversi?
Perché la base per il blu è fatta con una pietra preziosissima e quindi molto costosa: il **lapislazzulo**!
Infatti, i materiali per il *Giudizio Universale* sono stati pagati dal Papa, mentre quelli per la volta sono stati pagati da Michelangelo.

Titolo: **David**
Autore: Michelangelo Buonarroti
Data: 1501 – 1504
Tecnica: scultura
Dimensioni: 517 x 199 cm
Ubicazione: Firenze, Galleria dell'Accademia
Committente: Operai di Santa Maria del Fiore e consoli dell'Arte della Lana

BREVE ANALISI

SOGGETTO Davide, futuro re d'Israele, nel momento prima del suo attacco al gigante Golia.
DESCRIZIONE Il David è nudo e la sua postura è *a chiasmo*. La muscolatura è definita, pronta all'azione. Infatti, nella mano destra ha il sasso e nella mano sinistra la frombola. L'espressione del viso è molto concentrata (con la fronte corrucciata e le narici dilatate): sta studiando il suo nemico. Per una maggiore stabilità, dietro la gamba destra c'è un piccolo tronco[1] (all'epoca era dorato). In origine c'erano anche delle ghirlande[2] di metallo sulla testa e sulla fionda.
COMMENTO Questa versione del David è completamente diversa dalla tradizione, di solito infatti l'eroe è in parte vestito e ha già tagliato la testa di Golia. Se poi si osservano con attenzione le mani e la testa si può notare che sono più grandi rispetto al corpo. Forse Michelangelo vuole mostrare l'importanza dell'azione (le mani) guidata dal pensiero (la testa). Un altro elemento interessante sono le pupille: Michelangelo le scolpisce per creare un gioco di riflessi con la luce. In questo modo lo sguardo sembra vivo.
Per la sua grandiosità il David diventa subito il simbolo del coraggio e dell'indipendenza del popolo fiorentino e resta ancora oggi un modello assoluto di bellezza e perfezione scultorea.

[1] tronco: . • [2] ghirlande: corone fatte con le foglie.

MICHELANGELO BUONARROTI

Caprese 1475 – Roma 1564

1. Ha due relazioni importanti nella sua vita: la storia d'amore con il giovane e nobile Tommaso de' Cavalieri e l'intensa amicizia con Vittoria Colonna, nobile dama e poetessa molto conosciuta.
2. È anche un grande architetto: a settantuno anni crea il progetto della cupola di San Pietro, ma purtroppo muore prima di vederla realizzata.
3. Anche lui, come Leonardo, analizza i cadaveri per i suoi studi di anatomia (la conoscenza del corpo umano).
4. Quando crea la *Pietà Vaticana* ha solo 23 anni! Secondo alcuni quel capolavoro non può essere opera di un artista così giovane. Come risposta lui scolpisce il suo nome sull'opera! Un gesto rivoluzionario per quell'epoca. Sui pezzi di marmo invece firma spesso con tre cerchi legati (simbolo di scultura, pittura e architettura) e una M nel cerchio in basso (la scultura).

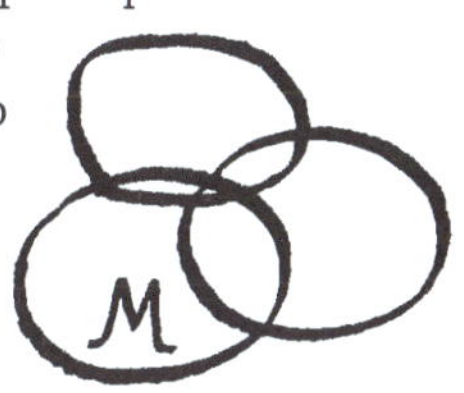

5. È anche uno scrittore. Abbiamo oggi più di trecento sue poesie: sull'amore, sulla vita e sull'arte.

ITINERARI D'ITALIA

Vuoi vedere alcune opere meno conosciute di Michelangelo? A Firenze, nella **Chiesa di Santo Spirito**, puoi ammirare un suo bellissimo *crocifisso* in legno. Al **Museo del Bargello**, invece, c'è una delle sue sculture "non-finite": il *David/Apollo*. E poi, nella **Basilica di San Lorenzo**, ci sono due opere architettoniche, la *Sagrestia Nova* e la *Biblioteca Laurenziana*. L'ultima tappa è il **Museo dell'Opera del Duomo**, dove potrai ammirare la *Pietà Bandini*: un altro bellissimo non-finito michelangiolesco (con autoritratto dell'artista).

6. AL TEATRO OLIMPICO CON...

TRACCIA 06

Vicenza, 17 settembre 1786

Carissima mamma,
Come state tu e papà? E i miei fratelli? Fa freddo a Londra?
Hai ragione, qui in Italia il clima è dolce e i colori sembrano quelli di un dipinto.
Ieri pomeriggio siamo arrivate finalmente nella tua città.
Mentre zia Rose sistemava le nostre cose, io ho fatto una piccola passeggiata: ora capisco perché hai così tanta nostalgia dell'Italia!
Vicenza è davvero bellissima. Alcuni palazzi ricordano i templi antichi, ma con uno spirito diverso, contemporaneo.
Abbiamo già conosciuto alcuni viaggiatori del Grand Tour, soprattutto tedeschi e inglesi. Ma, come sempre, io preferisco andare al mercato e parlare con la gente.
Sono così contenta di conoscere finalmente dal vivo la cultura, le abitudini e le caratteristiche del tuo Paese!
Ora vado, zia Rose mi chiama, la colazione è pronta.

Con Amore,
la tua Clotilde
P.S. La proprietaria della casa si chiama Maria ed è molto simpatica; non parla inglese, ma come tutti gli italiani usa tanto i gesti e così lei e zia Rose riescono a comunicare senza grandi problemi.

NOTE

GRAND TOUR

nato nel Seicento, è un viaggio tradizionale dei giovani di famiglia nobile nei luoghi più importanti della classicità greca e romana.

BASILICA PALLADIANA
sede storica dell'amministrazione di Vicenza, è una delle opere più famose di Palladio.

INCHINO

SONO SVENUTA
(inf. *svenire*) perdere i sensi, cioè cadere perché improvvisamente il corpo perde tutte le sue forze e la mente si spegne.

ISPIRAZIONE
l'origine delle idee creative di un artista.

INDIZIO
elemento che serve a trovare il significato di qualcosa o la soluzione di un mistero.

Vicenza, 23 settembre 1786

Cara mamma,
Non sai quanto sono emozionata! È successa una cosa incredibile. Sono andata a visitare la ***Basilica Palladiana*** *da sola, perché zia Rose è andata con la signora Maria a fare la spesa.*
Quando sono arrivata, la piazza era quasi deserta perché era molto presto. C'era solo un uomo. Ha osservato la facciata in silenzio per un po', come me. Poi ci siamo guardati e lui mi ha salutato con un ***inchino****.*
Allora l'ho salutato anche io e abbiamo iniziato a parlare. Mi ha chiesto perché parlo così bene l'italiano e allora gli ho raccontato che mia madre è italiana. "Che fortuna!" mi ha risposto. Lui invece è tedesco ma conosce l'italiano meglio di me. Dice che è la lingua della Bellezza. Quando mi ha detto come si chiama, ***sono*** *quasi* ***svenuta****!*
*È venuto in Italia per ritrovare l'****ispirazione*** *e tornare a scrivere. Ma anche per scappare da un amore...*
Abbiamo visitato insieme la Basilica e abbiamo parlato soprattutto di arte. Quanta conoscenza, e quanta eleganza! È innamorato dell'Italia, ma dice che gli interessano solo i monumenti classici.
Allora io gli ho detto che Palladio non è un architetto classico, perché è nato solo due secoli fa.

– Palladio è più classico dei classici – mi ha risposto – Domani vedrai.

Abbiamo appuntamento in un caffè del centro, ma non mi ha detto dove mi vuole portare...
Sono troppo emozionata, non so se stanotte riuscirò a dormire.

Ti abbraccio.

Clotilde
P.S. Hai capito chi è? Ti do un ***indizio****: è l'autore di uno dei miei libri preferiti!*

25 settembre 1786

Mia cara mamma
Ieri è stata una giornata bellissima.
Siamo arrivati al caffè nello stesso momento, mezz'ora prima, come due anime gemelle. E poi sai dove mi ha portato? Al Teatro Olimpico!

Non è aperto al pubblico, quindi eravamo solo io e lui.

Mi ha fatto da Cicerone e mi ha raccontato tante cose che non sapevo.
Mi ha spiegato finalmente perché Palladio è un architetto classico: il suo teatro è come un teatro romano in tutti i suoi particolari.
Palladio però è morto pochi mesi dopo l'inizio dei lavori, e così il figlio ha continuato i lavori con un altro architetto, Vincenzo Scamozzi.
In realtà, molte delle opere di Palladio le ha completate questo architetto. A volte con dei cambiamenti.
La cavea del Teatro Olimpico, per esempio: non c'era abbastanza spazio per farla rotonda e così l'ha fatta ellittica! E in questo modo il risultato è ancora più bello, perché quando sei in cavea hai l'impressione di essere dentro la scena.
La scenografia poi è meravigliosa. Anche questa è opera di Scamozzi!
In origine doveva essere solo temporanea per il primo spettacolo, ma è così bella che nessuno ha voluto cambiarla. È la città di Tebe, anche se in realtà è una piccola Vicenza. Ci sono vari trucchi prospettici.
La via centrale, per esempio, sembra lunghissima e invece misura solo quindici metri. Siamo entrati dalla porta regia e dopo pochi passi tutto era piccolissimo e noi eravamo dei giganti. Si chiama "prospettiva accelerata".
E poi ci sono le statue. Tantissime! Sembrano antichi romani, ma in realtà sono i ritratti dei membri dell'Accademia Olimpica, che è nata proprio in quel periodo.
Potrei continuare per ore a raccontarti quello che ho scoperto, ma ho di nuovo le valigie da preparare. Tra una settimana parto per Venezia! Lui mi aspetta lì. Non preoccuparti, zia Rose verrà con me.

Ti abbraccio,
Clotilde
P.S. Hai indovinato chi è? Cara mamma, è Goethe!

▶ ispirazioni: libro "*Viaggio in Italia*" di Johann Wolfgang von Goethe, 1816

ANIME GEMELLE
due persone che stanno benissimo insieme perché si capiscono completamente.

HA FATTO DA CICERONE
(inf. *fare*)
accompagnare qualcuno nella visita di un posto con racconti e spiegazioni (Cicerone è stato un importante scrittore e politico della Roma antica).

SCENOGRAFIA
ambiente artificiale creato per la scena di uno spettacolo.

TEBE
importante città dell'Antica Grecia.

TRUCCHI PROSPETTICI
sistemi studiati per modificare la prospettiva di uno spazio soltanto per chi guarda, ma non nella realtà.

PROSPETTIVA ACCELERATA
rappresentazione della profondità di uno spazio (che nella realtà è molto meno profondo).

1 • L'opzione corretta *Leggi il racconto e poi completa le frasi con l'opzione corretta.*

1. Clotilde arriva nella città in cui
a. ☐ lei è nata.
b. ☐ vive la madre.
c. ☐ è nata la madre.

2. Per Clotilde i palazzi di Vicenza
a. ☐ sembrano quelli di un dipinto.
b. ☐ hanno uno spirito contemporaneo.
c. ☐ hanno lo spirito dei templi antichi.

3. A Clotilde piace
a. ☐ stare con la gente inglese.
b. ☐ chiacchierare con gli italiani.
c. ☐ conoscere le persone del Grand Tour.

4. Maria e zia Rose
a. ☐ riescono a comunicare tra loro.
b. ☐ non hanno bisogno di comunicare.
c. ☐ comunicano soltanto in inglese.

5. Quando Clotilde arriva in piazza
a. ☐ è mattina presto.
b. ☐ ci sono molti turisti.
c. ☐ la Basilica Palladiana è chiusa.

6. All'inizio Clotilde e Goethe
a. ☐ non si salutano ed entrano nella Basilica.
b. ☐ sorridono e si presentano.
c. ☐ osservano la Basilica senza parlare.

7. Goethe
a. ☐ vuole studiare l'italiano
b. ☐ ama molto la lingua italiana.
c. ☐ non parla italiano.

8. Goethe ama visitare
a. ☐ tutti i monumenti.
b. ☐ i monumenti antichi.
c. ☐ tutte le chiese.

9. Clotilde e Goethe arrivano all'appuntamento
a. ☐ in orario.
b. ☐ in momenti diversi.
c. ☐ tutti e due in anticipo.

10. Clotilde ha deciso che
a. ☐ andrà a vivere in Germania.
b. ☐ raggiungerà Goethe a Venezia.
c. ☐ continuerà il suo viaggio senza zia Rose.

LO SAI CHE...

Nel Settecento i giovani aristocratici del Nord Europa hanno l'abitudine di fare un lungo viaggio (il **Grand Tour**) alla scoperta dei monumenti antichi e della cultura classica.
La destinazione principale è l'Italia, dove si concentrano le più importanti opere artistiche e architettoniche del periodo greco e romano.
E poi il clima è dolce e i paesaggi sono bellissimi.
Le città più visitate sono Milano, Venezia, Bologna, Firenze, Roma e Napoli.
Ma si esplorano anche i piccoli paesi e la Sicilia.
Goethe fa questa esperienza a fine Settecento e la racconta poi in un bellissimo diario di viaggio (il titolo in italiano è "Viaggio in Italia").

J. W. Goethe

2 • Goethe è venuto in Italia *per* scappare da un amore. Clotilde ha le valigie *da* fare. *Che differenza c'è in italiano tra* **per + infinito** *e* **da + infinito***? Quando si usano?*
Prova a completare la regola.

per / da + infinito
• esprime uno scopo, un obiettivo
• significa "**con lo scopo di...**"

per / da + infinito
• comunica una necessità (o una possibilità)
• significa "**che si deve / si devono** o **si può / si possono...**"

Ora leggi le frasi e scegli l'opzione giusta.

a. Quando Clotilde arriva a Vicenza vede che ci sono tantissimi palazzi **da / per** visitare.
b. Clotilde è venuta in Italia **da / per** scoprire la cultura del Paese di sua madre.
c. Goethe è venuto in Italia perché è un Paese con moltissimi monumenti classici **da / per** vedere.
d. Goethe dà a Clotilde un appuntamento **da / per** andare in un luogo misterioso.
e. Quando Palladio muore, Vincenzo Scamozzi ha ancora molti elementi **da / per** realizzare nel Teatro.
f. Scamozzi capisce che c'è una modifica importante **da / per** fare nella cavea.
g. Scamozzi disegna la scena **da / per** rappresentare il primo spettacolo del Teatro Olimpico.
h. Clotilde prepara le valigie **da / per** raggiungere Goethe a Vicenza.

Per controllare il tuo lavoro, prova a sostituire le strutture con il significato alternativo (**con lo scopo di** | **si deve / si devono** | **si può / si possono**) *e rileggi la frase.*
Se funziona... è giusto!

J. W. Goethe

3 • Molte opere palladiane le ha completate Scamozzi *In italiano, i tempi composti con i pronomi diretti* **lo / la / li / le** *o con* **ne** *vogliono la concordanza del participio passato. Prova a completare le risposte come nell'esempio.*

a. Palladio, come aveva progettato la cavea del Teatro?
 L' aveva progettata rotonda.

b. Chi ha realizzato la cavea?
 ____ ha ________________ Vincenzo Scamozzi.

c. Chi ha scritto "I quattro libri dell'Architettura"?
 ____ ha ________________ Andrea Palladio.

d. Da chi ha preso Palladio le basi per le sue teorie?
 ____ ha ________________ da Vitruvio, uno studioso di epoca classica.

e. Chi ha avuto l'idea del primo teatro stabile di Vicenza?
 ____ hanno ________________ i membri dell'Accademia Olimpica

f. Chi ha disegnato le scene del Teatro?
 ____ ha ________________ Vincenzo Scamozzi.

g. Con quali materiali l'architetto Scamozzi ha costruito le scene?
 ____ ha ________________ in legno, stucco e polvere di marmo.

h. Chi ha elaborato per la prima volta la teoria delle proporzioni?
 ____ hanno ________________ i Greci e forse, ancora prima di loro, gli Egizi.

Giorgio Vasari

4 • Palladio e i classici *Guarda questi schemi.*

Palladio	è	più classico	dei classici.
Primo elemento		Comparativo di maggioranza	Secondo elemento

Per gli altri comparativi vedi pagina 101.

Palladio	è	il più classico	degli architetti di Vicenza.
Primo elemento		Superlativo relativo	Secondo elemento

Non è il più classico in assoluto, ma solo in relazione agli altri architetti di Vicenza.

Palladio	è	molto classico
Unico elemento		Superlativo assoluto

Altri esempi:
molto bello, molto interessante, molto elegante, molto originale.
Oppure:
bellissimo, interessantissimo, elegantissimo, originalissimo.

Ci sono dei casi speciali. Qualche esempio utile.

molto buono	molto cattivo	molto grande	molto piccolo
↓	↓	↓	↓
ottimo	**pessimo**	**massimo**	**minimo**

Ora leggi queste frasi e poi indica se c'è un comparativo (C) o un superlativo (S).

	C	S
a. Il Teatro Olimpico è il più antico teatro coperto del mondo.	☐	☐
b. Palladio è più famoso di Vincenzo Scamozzi.	☐	☐
c. Vicenza è una città più piccola di Venezia.	☐	☐
d. Roma è stata la più importante delle città italiane per la formazione di Palladio.	☐	☐
e. Per Goethe Palladio è l'architetto più interessante di Vicenza.	☐	☐
f. Il Teatro Olimpico è più piccolo di un teatro romano tradizionale.	☐	☐

IL TEATRO OLIMPICO: LE ORIGINI

IL TEATRO ROMANO

costruzione all'aperto a forma di semicerchio per la rappresentazione degli spettacoli teatrali (vedi pagina 14).

IL PROSCENIO

(nel teatro moderno è **il palcoscenico**) parte dove recitano gli attori

GLI HOSPITALIA

entrate laterali

LA SCENA FRONTE

(nel teatro moderno è **la scenografia**) struttura del proscenio con elementi architettonici, parti dipinte e tre entrate per gli attori

LA PORTA REGIA

entrata centrale

LA CAVEA

gradinate semicircolari dove sta il pubblico

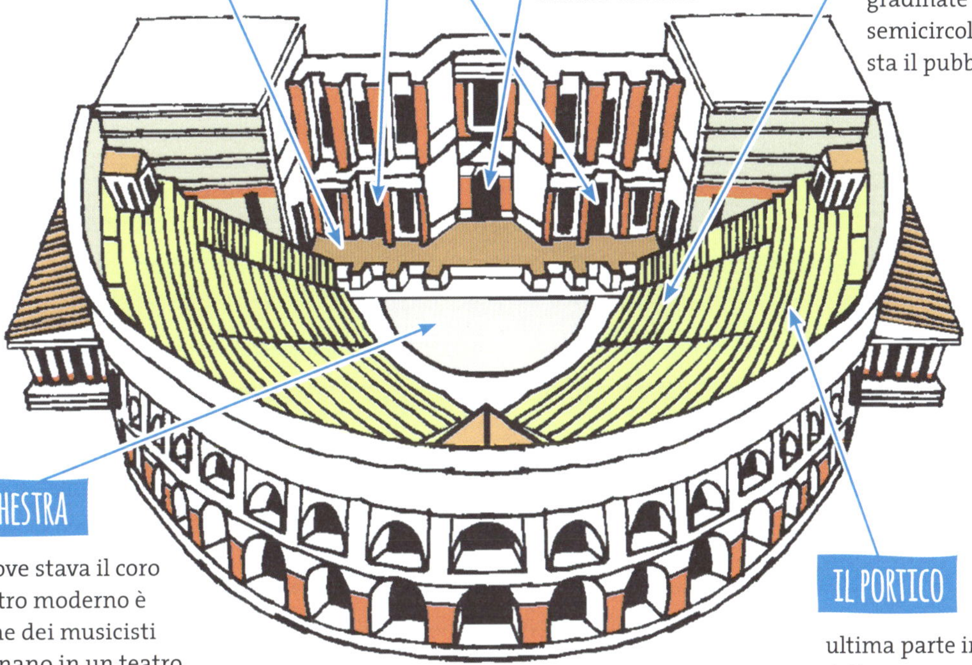

L'ORCHESTRA

parte dove stava il coro (nel teatro moderno è l'insieme dei musicisti che suonano in un teatro guidati da un direttore)

IL PORTICO

ultima parte in alto della cavea

5 • Quasi come un teatro romano *Ora leggi il testo e prova a completarlo con le parole mancanti.*

cavea | **hospitalia** | **porta regia** | **scena fronte**

Per il Teatro Olimpico, Palladio ha seguito gli scritti di Vitruvio, ma ha inserito alcune modifiche. La grandiosa ________________ è ricca di statue e complessi elementi architettonici, in parte tipici del teatro romano, come la ________________, e i due ________________, in parte legati allo stile dell'epoca di Palladio.
Per motivi di spazio la ________________ non è semicircolare, ma ellittica.

ATTIVITÀ

IL TEATRO OLIMPICO: DOPO...

IL TEATRO ALL'ITALIANA

modello di teatro con la tipica forma a U; nasce in Italia ma poi si sviluppa in tutta Europa con l'arrivo del Melodramma[1] e della Commedia dell'Arte[2].

I PALCHI (O PALCHETTI)
strutture architettoniche lungo le pareti del teatro, simili a balconi e con entrata indipendente

IL PROSCENIO
parte del palcoscenico più vicina al pubblico

LE QUINTE
spazi laterali del palcoscenico dove possono entrare e uscire gli attori o i tecnici con gli elementi della scenografia

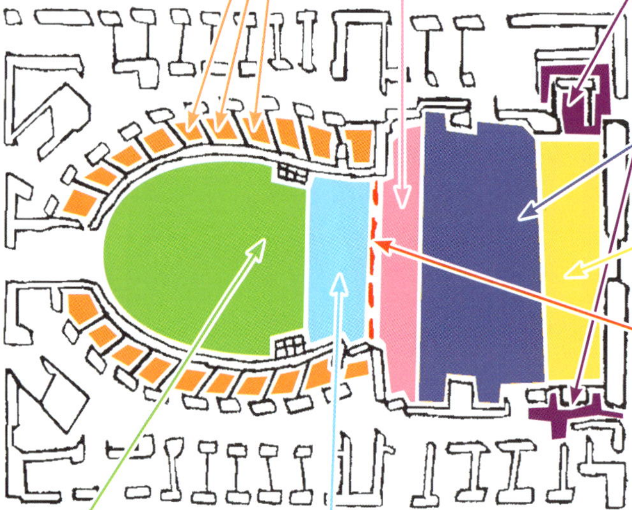

IL PALCOSCENICO
parte dove recitano gli attori

LA SCENA
struttura mobile di un teatro, rappresenta l'ambiente dove recitano gli attori

IL SIPARIO
grande tenda che divide il palcoscenico dalla sala e dagli spettatori

LA PLATEA
parte centrale della sala dove sta il pubblico

LA FOSSA (O BUCA) D'ORCHESTRA
parte sotto il palcoscenico dove suona l'orchestra (si chiama anche **Golfo mistico**)

[1] Melodramma: : spettacolo teatrale cantato con musica (oggi si chiama *Opera*).
[2] Commedia dell'Arte: genere teatrale nato in Italia. Gli attori sono dei personaggi fissi e non recitano un testo, ma improvvisano, cioè creano i dialoghi direttamente in scena.

6 • Dopo il Teatro Olimpico... *Ora leggi il testo e prova a completarlo con le parole mancanti.*

fossa d'orchestra | **palchi** | **palcoscenico** | **platea** | **proscenio** | **quinte** | **sipario**

Dopo Palladio, la struttura del teatro sviluppa nuove caratteristiche: per esempio la pianta non è semicircolare ma diventa una U, non ci sono le gradinate ma i ________________ e al centro c'è la ________________. Compaiono le ________________ per i cambi di scena. Sul ________________ c'è un ________________. Quando si chiude si vede solo il ________________. L'orchestra sta nella ________________, sotto il proscenio, più in basso della platea.

LO STILE DI PALLADIO

Ecco alcuni elementi architettonici tipici dello stile palladiano.

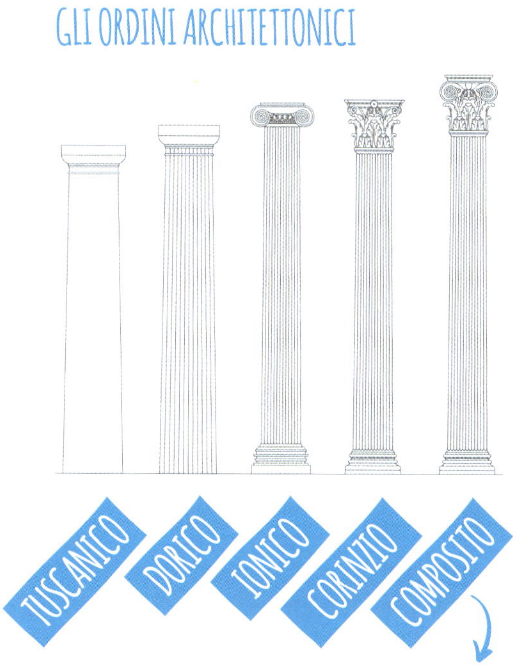

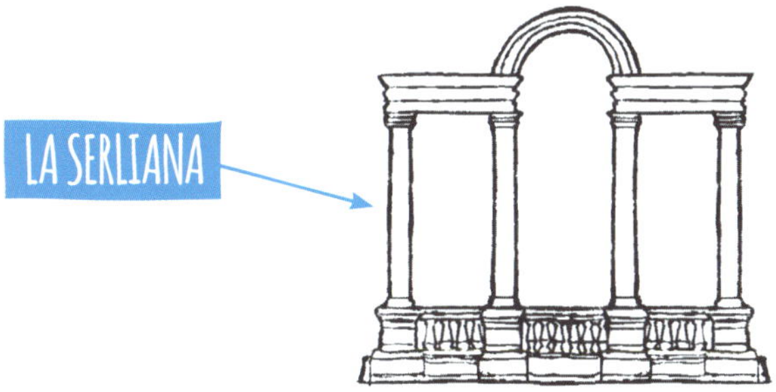

7 • Elementi palladiani *Collega le parole alle frasi corrispondenti.*

- IONICO
- TIMPANO
- SERLIANA
- PORTICO
- ORDINE COMPOSITO

a. spazio esterno, prima dell'entrata, formato da colonne

b. è molto simile all'ordine corinzio

c. finestra formata da un arco centrale e due colonne su ogni lato

d. la colonna di questo ordine è la più bassa

e. la sua forma è il triangolo e Palladio lo inserisce spesso sulla facciata dei suoi palazzi e delle sue ville

ATTIVITÀ

8 • Conosci queste opere di Palladio? *Prova ad associare le descrizioni alle opere.*

Villa di Maser | Villa Almerico Capra | Basilica Palladiana

a. ______________________

Abbraccia un altro palazzo e ha il soffitto a forma di nave.

b. ______________________

È una delle architetture palladiane più famose e ha il tetto a forma di cupola.

c. ______________________

Non è a Vicenza, ma a Treviso, nella campagna veneta.

APPUNTI DI STORIA DELL'ARTE

Il Palladianesimo

Il successo delle opere di Palladio crea il Palladianesimo (o Neopalladianesimo): uno stile architettonico internazionale che segue e sviluppa le idee di Palladio.
Il secolo più importante è il Settecento e i paesi protagonisti sono soprattutto il Regno Unito e gli Stati Uniti, e quindi anche le loro colonie: India, Cina e Australia.
L'opera in stile palladiano più famosa al mondo è la Casa Bianca a Washington D.C.
Nel 2010 per il Congresso USA, Palladio è chiamato ufficialmente il "Padre dell'architettura americana".

Ottavio Bertotti Scamozzi

Sai che Palladio ha progettato anche una chiesa?
Vai a Venezia e visita la Chiesa del Redentore.
Potrai ammirare anche alcune opere del Veronese e del Tintoretto.

Nome: Teatro Olimpico
Architetti: Andrea Palladio e Vincenzo Scamozzi
Date: 1580 – 1585 (ultimo spettacolo: in uso)
Stile: teatro romano con elementi tardo-rinascimentali
Materiali: marmo, legno e stucco
Caratteristiche:
- cavea semi-ellittica
- 470 posti

Ubicazione: Piazza Matteotti, 11 – Vicenza
Committente: Accademia Olimpica

BREVE ANALISI

DESCRIZIONE La sua struttura architettonica segue le caratteristiche del teatro romano, ma ha anche elementi tipici del periodo tardo-rinascimentale.
La cavea ellittica a gradinate è chiusa in parte con un colonnato e in parte con delle semicolonne e alcune nicchie con statue. Anche il portico è decorato con una serie di statue. La scena fronte è su due ordini architettonici, con statue nelle nicchie e un attico con una serie di bassorilievi sulle imprese di Ercole[1]; al centro il motto[2] dell'Accademia Olimpica. Sulla scena ci sono la porta regia e i due hospitalia che portano dentro la grandiosa scenografia di Scamozzi con palazzi, statue e altri elementi architettonici in finto marmo.
COMMENTO È il teatro coperto più antico del mondo ed è anche l'ultima creazione di Palladio. Infatti, l'architetto muore pochi mesi dopo l'inizio della costruzione. Il figlio Silla e l'allievo[3] Vincenzo Scamozzi continuano i lavori. Seguono il progetto di Palladio, ma aggiungono anche elementi nuovi. L'opera più interessante di Scamozzi sono le scene realizzate per il primo spettacolo, con i loro complessi giochi di prospettiva: l'unica scenografia del periodo rinascimentale perfettamente conservata ancora oggi.
Questo teatro rivoluzionario celebra l'inizio di una nuova epoca: gli spettacoli non saranno più all'aperto e in luoghi temporanei, ma avranno uno spazio dedicato. L'epoca dei grandi teatri è cominciata.
Oggi il Teatro Olimpico di Vicenza si può visitare e offre spettacoli classici o concerti di musica jazz e classica.

[1]Ercole: eroe mitologico • [2]motto: Hoc opus hic labor est (in latino "questo il lavoro, questa la fatica") • [3]allievo: una persona che ha imparato da lui

ANDREA PALLADIO

Padova 1508 – Maser (Treviso) 1580

1. Si chiama in realtà Andrea di Pietro della Gondola ed è un semplice operaio che lavora la pietra. Trissino, il più importante mecenate di Vicenza, vede il suo talento, lo fa studiare e decide di cambiare il suo nome in Palladio, in onore della dea greca Pallade Atena.
2. Progetta moltissime opere, ma vede la realizzazione completa soltanto di una: palazzo Barbarano.
3. La sua faccia è un mistero. Dopo molte ricerche si è scoperto che su dodici ritratti, quelli con il suo vero volto sono solo tre.
4. Anche la sua morte è un mistero. È morto o lo hanno ucciso? Nell'Ottocento vogliono celebrarlo con una grande tomba, ma non hanno il corpo; nella tomba di famiglia trovano molti teschi, così decidono che il teschio di un genio deve essere... quello più grande!
5. Tutte le sue opere sono patrimonio dell'Unesco.

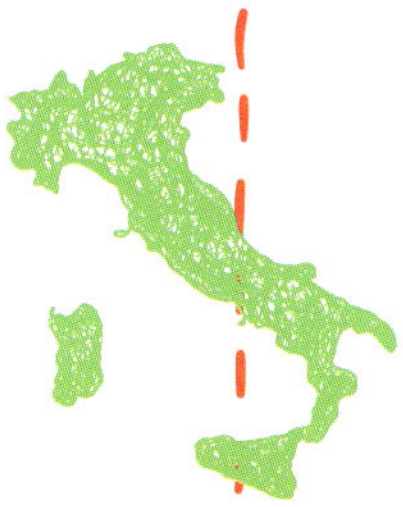

ITINERARI D'ITALIA

Vuoi visitare le ville di Palladio e vedere la splendida campagna veneta? Prova a farlo in bici! Si parte dal centro di Vicenza e poi si va fuori città, verso le colline, per ammirare una delle ville più famose: **Villa Americo Capra**, chiamata *La Rotonda*. Il percorso continua tra laghi, boschi e meraviglie architettoniche. Vai in rete e scrivi "Palladio in bici". Troverai tutte le agenzie che propongono questo tipo di viaggio!

7. EFFETTO CARAVAGGIO

TRACCIA 07

Cloe cammina per le strade del centro di Palermo.
C'è qualcosa di unico in questa città.
Tutto qui è contrasto, ma ogni cosa ha il suo posto, come in un quadro.

Si ferma davanti a un bar.

Entra e si siede. Ma dov'è il suo portafoglio? Non lo trova più!
I documenti, le carte di credito... il passaporto!

Corre fuori dal bar e torna sulla strada.
Mentre sta guardando per terra, sente una mano sulla spalla.

– Stai cercando questo? – un signore ha in mano... il suo portafoglio!
– Sì, grazie! Come ha capito che era mio?
– Una ragazza che cerca qualcosa per terra, disperata...
– Oddio grazie, grazie, grazie!
– Di nulla. Sergio, piacere.
– Cloe, piacere mio!
– Di dove sei?

NOTE

SAN LUIGI DEI FRANCESI
chiesa nazionale dei francesi di Roma dal 1589.

VOCAZIONE DI SAN MATTEO
è uno dei dipinti più famosi di Caravaggio.

PORTONE

SENZA FIATO
molto sorpresa (si dice anche "senza parole").

È IL TRIONFO DEL BAROCCO
in questo caso significa che lì c'è un'abbondanza del migliore Barocco (stile del Seicento, ricco di decorazioni e di geometrie nuove).

NATIVITÀ
nascita, nell'arte sacra è la rappresentazione della nascita di Gesù.

GIUSEPPE
San Giuseppe, il padre di Gesù Cristo.

– Svizzera, di Locarno.
– Ah! La prima volta a Palermo?
– Sì. E ora che sono qui mi domando perché non sono venuta prima!
– Eh... Palermo è così. O la ami, oppure vuoi scappare. Io la amo.
– La capisco, è un posto incredibile. Mi sembra di essere... dentro a un dipinto di Caravaggio!
– Eh eh, è vero! Lo dico sempre ai miei studenti. Insegno storia dell'arte.
– Ah! La settimana scorsa sono stata a Roma e ho visitato San Luigi dei Francesi. La vocazione di San Matteo, che meraviglia...
– Anche a Palermo abbiamo un Caravaggio. – le dice Sergio – Lo sai, vero?
– Cosa? No, non lo sapevo!
– Ah! Allora lo devi vedere. Non è lontano da qui. Vieni con me.

Dopo dieci minuti, Cloe e Sergio arrivano davanti a un grande portone aperto.

– Il Caravaggio è qui.

Appena entrano, Cloe resta senza fiato: tutto è bianco e scolpito. È il trionfo del Barocco!

Poi finalmente vede il dipinto, in fondo, sopra l'altare.

– È una Natività – le dice Sergio.

Cloe è così vicina che può quasi toccare la tela!
I personaggi occupano tutto lo spazio.

– La Madonna, Gesù Bambino... l'angelo... Ma scusi, Sergio, Giuseppe qual è?
– Quello di spalle.
– Che strano... Sembra giovane, è molto diverso dalle altre immagini di San Giuseppe.
– È vero, pensa che un famoso critico d'arte ha detto che sembra David Bowie!

DI SPALLE

DAVID BOWIE
famosissimo artista inglese.

– Ah ah ah... In effetti ha ragione. E chi sono gli altri tre personaggi?
– Quello sulla sinistra è San Lorenzo, mentre l'uomo con le mani in preghiera è San Francesco. Quello col bastone invece non ha un'identità certa.

Cloe si sente dentro il dipinto: le pennellate sullo sfondo scuro, le sfumature del bianco...

– È un falso.
– Cosa? – Cloe si gira verso Sergio. Forse non ha capito bene.
– Sì, è così. Questa tela è una riproduzione. Il quadro originale l'hanno rubato nel 1969. È nella lista delle opere più ricercate al mondo. Secondo molti è stata la mafia, ma per alcuni non è così. Insomma, resta ancora un mistero.
– Ma... Ma... – Cloe è senza parole. Quella tela sembra vera. – Chi può dipingere come Caravaggio?
– Nessuno. Infatti, non è un vero dipinto, ma il risultato del lavoro magnifico di un gruppo di esperti con l'aiuto dell'intelligenza artificiale.
– Vuoi dire che hanno usato i computer?
– Computer e stampanti giganti. Ma ovviamente il lavoro fondamentale lo hanno fatto le persone.
– Ma è incredibile...

Sergio sorride. Ogni volta che racconta ai suoi studenti le mille storie legate a questo artista, hanno tutti lo sguardo di Cloe.

Sorpresa, curiosità, passione.

L'eterno effetto Caravaggio.

▶ ispirazioni: documentario "*Operazione Caravaggio*" prodotto da Sky Italia, 2016

PENNELLATE
segni dei movimenti del pennello sul dipinto.

FALSO
in questo caso significa "un dipinto non autentico, una copia".

RIPRODUZIONE
in questo caso la "copia esatta di qualcosa".

MAFIA
potente associazione criminale nata in Sicilia.

GRUPPO DI ESPERTI
nel 2015 Factum Arte, una società specializzata in conservazione e riproduzione delle opere d'arte con l'aiuto delle nuove tecnologie, ha realizzato una riproduzione della *Natività* di Caravaggio.

STAMPANTI
macchine per la riproduzione di testi e immagini.

FONDAMENTALE
in questo caso, più importante.

1 • L'ordine corretto *Leggi il racconto e poi metti in ordine i disegni.*

ATTIVITÀ

2 • Non lo sapevo! *Cloe risponde così quando scopre che a Palermo c'è un quadro di Caravaggio. Significa che è sorpresa e che è un'informazione nuova per lei. In italiano* **sapere** *cambia il suo significato se lo usi al passato prossimo o all'imperfetto.*

Ho saputo che a Palermo c'è un dipinto di Caravaggio.	Qualcuno mi ha dato questa nuova informazione.

Sapevo che a Palermo c'è un dipinto di Caravaggio...	Avevo questa informazione... ma non so se è ancora esatta.

Ora prova a completare queste frasi con l'opzione giusta.

a. Io **ho saputo / sapevo** che a Palermo c'è una foto gigante al posto del quadro rubato, invece mi hanno detto che ora c'è una riproduzione del dipinto!
b. **Ho saputo / Sapevo** ieri che faranno una nuova mostra su Caravaggio.
c. Il 18 ottobre del 1969 gli italiani **hanno saputo / sapevano** dai giornali del furto della Natività di Caravaggio.
d. Io **ho saputo / sapevo** che le opere di Caravaggio erano solo a Roma, ma poi ho scoperto che anche in altre città ci sono i suoi dipinti.
e. Quando il governo italiano **ha saputo / sapeva** che forse la mafia aveva organizzato il furto?

LO SAI CHE...

Molti pittori, forse anche Caravaggio, morivano per il piombo presente nei colori che usavano per dipingere.
Questa malattia si chiama **saturnismo** e può avere effetti negativi anche sul cervello e sulla personalità.

[1]Per me è necessario lo stesso impegno sia per dipingere un quadro di fiori sia per dipingere delle figure umane.

GLI ELEMENTI DI ARTE SACRA

PITTURA E SCULTURA

LA PALA

grande tavola con un soggetto religioso (dipinto o scolpito)

IL DITTICO

pala composta da due tavole

IL TRITTICO

pala composta da tre tavole

IL POLITTICO

pala composta da più di tre tavole

IL CROCIFISSO (O CROCEFISSO)

rappresentazione della figura di Gesù sulla croce. Può essere un dipinto o una scultura.

ARCHITETTURA

IL TABERNACOLO

piccola struttura architettonica con dentro immagini e oggetti sacri

L'ALTARE

tavolo, spesso in pietra o in marmo, per il rito religioso

L'ABSIDE

parte finale della chiesa

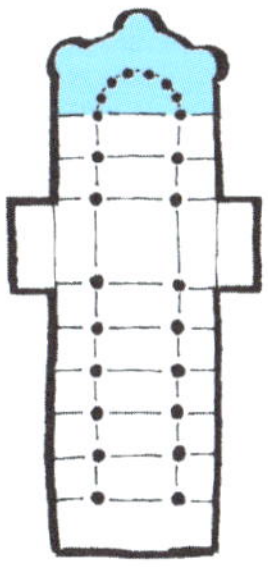

IL PRESBITERIO

spazio attorno all'altare

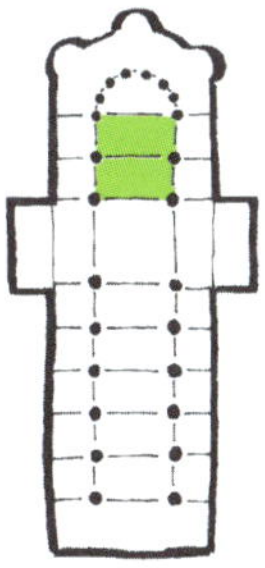

3 • Che meraviglia! *In italiano il* **che** *ha molte funzioni diverse. Per esempio, prima di un nome o un aggettivo serve per commentare qualcosa. Cloe infatti dice "***che meraviglia***" quando ricorda i dipinti di Caravaggio a Roma. Ora guarda le situazioni. Che cosa dici?*

Che bellezza... **Che brutta!** **Che sfortuna!** **Che bontà!** **Che strana!** **Che traffico!** **Che pace...**

a. ammiri un quadro di Caravaggio ▸ ______________________

b. ti rilassi su una collina nella campagna toscana ▸ ______________________

c. osservi una scultura che non ti piace ▸ ______________________

d. mangi un cannolo siciliano ▸ ______________________

e. cammini in una strada piena di macchine ▸ ______________________

f. guardi l'autobus che parte senza di te ▸ ______________________

g. guardi un'opera di arte contemporanea che non capisci ▸ ______________________

Ma **che** *ha anche altre funzioni.*

1. Il dipinto **che** Cloe vede a Palermo è un falso.
2. **Che** lavoro fa Sergio?
3. Caravaggio... **Che** artista magnifico!
4. Cloe non sapeva **che** a Palermo c'è un Caravaggio.

In quale frase il **che** *è simile a quello nella frase "***che meraviglia***" del racconto?*
Nella frase n° __________

4 • Il dipinto che vede Cloe a Palermo è un falso *Per descrivere un dipinto è molto utile il* **che** *della frase 1. È un pronome relativo perché mette in relazione due frasi che contengono lo stesso nome. Ora osserva il quadro a pagina 91 e poi prova a completare le frasi che descrivono i personaggi della Natività.*

che porta una veste gialla | che vola sopra Gesù | che ha le corna
che ascolta San Giuseppe | che è seduta con lo sguardo triste | che prega
che è disteso a terra | che parla con il frate col cappello

a. Il bambino ______________________________ è Gesù.

b. La figura ______________________________ è la Madonna.

c. L'uomo ______________________________ è San Giuseppe.

d. Il frate ______________________________ è San Francesco.

e. Il frate ______________________________ è San Lorenzo.

f. L'animale ______________________________ è il bue.

g. Il frate ______________________________ forse è uno dei compagni di San Francesco.

h. La creatura ______________________________ è l'angelo.

ORIA·IN·ECCELSIS·DE

ATTIVITÀ

LE TECNICHE PITTORICHE (SECONDA PARTE)

IL VOLUME
la forma dei corpi nello spazio

IL CONTRASTO
l'opposizione tra due elementi

L'OMBRA
la proiezione di una forma scura per la presenza della luce dalla parte opposta

LA SFUMATURA
il cambio graduale di tonalità

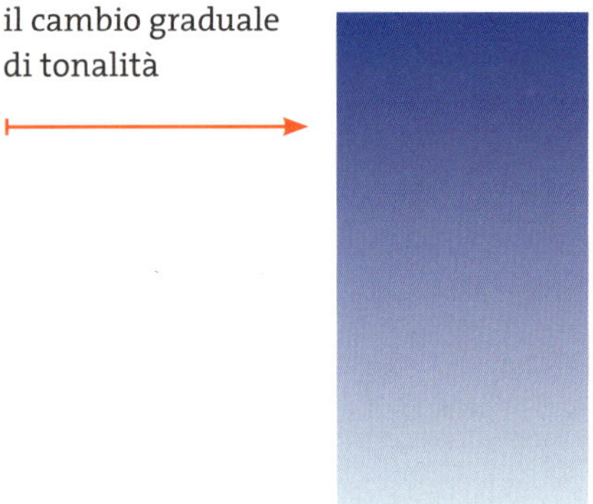

IL CHIAROSCURO
la tecnica per dare volume e profondità a un'immagine creando le ombre e le luci

SCURIRE
rendere un colore più scuro

SCHIARIRE
rendere un colore più chiaro

5 • Nel dipinto *Leggi il testo e completa con le parole mancanti.*

chiaroscuro | contrasto | ombra | schiarisce | sfumature | volume

Come in tutte le opere di Caravaggio, anche nella *Natività*, grazie alla tecnica del ________________, i personaggi sembrano "nascere" dal buio.
Il pittore usa una tela con base scura, che poi ________________ nei punti illuminati.
Il ________________ tra luce e ________________ e il lavoro sulle ________________ creano con più precisione il ________________ dei corpi in movimento.
Sembra di essere di fronte a una fotografia.

APPUNTI DI STORIA DELL'ARTE

I caravaggeschi

Il successo di Caravaggio è così grande che molti pittori scelgono di seguire le sue tecniche pittoriche e il suo stile rivoluzionario.
Per questo sono chiamati *caravaggeschi*. Tra i più importanti ci sono per esempio Orazio Gentileschi e la figlia Artemisia, ma anche Diego Velàsquez e Pieter Paul Rubens.

6 • Conosci altre opere di Caravaggio? *Leggi le frasi e poi trova le opere corrispondenti.*

Bacchino malato | **Ragazzo morso da un ramarro** | **Canestra di frutta** | **Morte della Vergine**
Buona ventura | **Davide con la testa di Golia** | **Cena in Emmaus** | **Vocazione di San Matteo**

a. In questo dipinto c'è un modello giovane con una rosa tra i capelli e un'espressione di sorpresa e dolore.

____

b. Per alcuni studiosi in quest'opera ci sono due autoritratti dell'artista.

____

c. L'ambiente in questo quadro è un'osteria. È presente Gesù Cristo.

____

d. Secondo i committenti, in quest'opera Caravaggio non ha rispettato le caratteristiche del soggetto sacro.

____

LO SAI CHE...

In una notte del 1969, qualcuno ruba la tela sopra l'altare dell'Oratorio di San Lorenzo a Palermo. *La Natività* diventa una delle opere più ricercate al mondo, presente sulla lista dell'FBI[1] e soggetto di molti film, documentari e libri. Qualche criminale dice che il furto l'ha organizzato la mafia. Secondo alcuni la tela intera non esiste più, perché l'hanno tagliata per venderla meglio.
Eppure, c'è anche chi è convinto che la tela tornerà presto e che la mafia non c'entra. Chi ha ragione?

Per molti anni una fotografia gigante occupa il posto della tela rubata. Poi, nel 2015, una copia del capolavoro originale prende il posto della fotografia. È il risultato del lavoro straordinario di un gruppo di pittori, restauratori, storici dell'arte e informatici: una riproduzione completa e fedele, non solo dell'immagine, ma di tutti i materiali usati da Caravaggio per la realizzazione dell'opera.

[1] FBI: Federal Bureau of Investigation - fa parte della polizia federale degli Stati Uniti.

8. ARTISTA: GENERE FEMMINILE

TRACCIA 08

Presentatrice – Buongiorno a tutti e benvenuti a un'altra puntata di "Spiegato ad Arte".
Come sempre, anche questa settimana vi spieghiamo un'opera attraverso il dialogo tra due ospiti.
Qui con me oggi ci sono Vincenzo Gobbi, famoso critico d'arte e Virginia Orli, studentessa dell'Accademia di Belle Arti di Napoli.
Vincenzo Gobbi e *Virginia Orli* – Buongiorno.
Presentatrice – L'opera di oggi è *Giuditta che decapita Oloferne* di Artemisia Gentileschi.
Vincenzo Gobbi – Quella degli Uffizi, spero!
Virginia Orli – Io veramente sono venuta per parlare della prima versione...
Presentatrice – Bene, vedo che il confronto è già cominciato! Cari ascoltatori, come avete capito, esistono due versioni di quest'opera magnifica. La prima è del 1612 circa, la seconda invece è di qualche anno dopo. Ma prima di cominciare, due parole sull'artista nella nostra scheda.

NOTE

SPIEGATO AD ARTE
spiegato in modo giusto per quella situazione. L'argomento del programma è l'arte, quindi il titolo è un gioco di parole.

CRITICO D'ARTE
esperto di arte e di storia dell'arte.

DECAPITA
(inf. *decapitare*) taglia la testa.

TAGLIA

PURTROPPO
sfortunatamente.

PROCESSO
riunione ufficiale dove una o più persone (giudici) analizzano i fatti e decidono se e come punire una persona che ha agito contro la legge.

LA VIOLENTA
(inf. *violentare*)
ha un rapporto sessuale con lei in modo violento, perché lei non vuole.

FACILE
in questo caso una donna con cui si può avere facilmente una relazione.

COSIMO (II) DE' MEDICI
uno dei più grandi mecenati di Firenze, allievo di Galileo Galilei.

INDIPENDENTE DAL MARITO
libera, che non dipende dal marito.

GALILEO GALILEI
padre della scienza moderna e inventore del metodo sperimentale.

Artemisia Gentileschi, figlia del pittore Orazio Gentileschi, cresce a Roma nella bottega del padre e impara il mestiere bene e in fretta.
Purtroppo non diventa famosa per il suo talento, ma per il **processo** contro un altro pittore che **la violenta** quando è ancora giovanissima. Alla fine vince il processo, ma in realtà sarà sempre vista come una donna "**facile**".
Il padre le organizza un matrimonio con un pittore fiorentino e così la pittrice va a vivere a Firenze con il marito.
Qui Artemisia cresce e diventa un'artista famosa. Dipinge per **Cosimo de' Medici** e per le corti di tutta Europa. Ha anche una vita **indipendente dal marito** e viaggia moltissimo.
Però quando muore, a Napoli, è povera e sola. Per tre secoli nessuno la ricorda. La riscopre nel Novecento Roberto Longhi, insieme al grande Caravaggio, a Orazio Gentileschi e ad altri pittori caravaggeschi.

Presentatrice – Un personaggio unico nella storia...
Vincenzo Gobbi – Una brava pittrice, certo... ma senza il padre...
Virginia Orli – Artemisia è più interessante del padre!
Presentatrice – I nostri ospiti hanno punti di vista diversi. Ottimo! Il confronto sull'opera sarà più interessante. E oggi l'opera è doppia. La prima versione di *Giuditta che decapita Oloferne* è del periodo vicino al processo, cioè quando Artemisia era a Roma: oggi l'opera è conservata al Museo Nazionale di Capodimonte a Napoli. L'altra invece è di quando Artemisia era a Firenze, e ha un committente molto potente, il Granduca di Toscana, Cosimo de' Medici. Lei preferisce questa versione, Gobbi?
Vincenzo Gobbi – Certo, è più raffinata nei particolari: il corpo di Oloferne, le lenzuola, il sangue...
Presentatrice – Cosimo però non ha apprezzato la violenza e non voleva accettarla...
Vincenzo Gobbi – Esatto. Poi grazie al grande Galileo Galilei, amico di Artemisia, il Granduca ha pagato l'opera ma ha deciso di non esporla.
Presentatrice – Tu invece, Virginia, perché preferisci la prima versione?
Virginia Orli – Perché in questa prima versione Artemisia dipinge per raccontare qualcosa: la sua sofferenza, la sua rabbia e la sua vittoria attraverso il gesto di questa donna che taglia la testa del suo nemico. Nella tela fiorentina c'è più violenza, più "spettacolo", in quella romana invece il viso di Giuditta ha un'espressione più calma... Mi sembra anche più bella...

Vincenzo Gobbi – Ma no, mi scusi, il dipinto di Firenze è più equilibrato nei colori e nei chiaroscuri. La lezione caravaggesca è più evidente...

Virginia Orli – Io infatti non parlo di estetica! Non sono esperta come lei, preferisco parlare di emozioni... Artemisia ha avuto l'idea del soggetto nel 1612, o forse anche prima... è questa l'opera originale. A Firenze ha solo realizzato una copia, forse migliore nella forma, ma a me non interessa questo, io...

Vincenzo Gobbi – A "lei" non interesserà, ma a noi sì. L'impatto del dipinto fiorentino è molto più forte e teatrale. Lo stile e la tecnica sono migliori.

Presentatrice – Però in entrambe le versioni il centro della narrazione sono le due donne, Giuditta e la sua serva. Gli studiosi hanno visto in questo elemento il riferimento al tradimento di Tuzia, la vicina di casa di Artemisia. Sembrava sua amica e invece al processo ha difeso Agostino Tassi, lo stupratore.

Vincenzo Gobbi – Ma basta con questa storia! Agostino Tassi e Artemisia avevano una relazione da un anno, ma lui non ha voluto sposarla e così il padre di Artemisia l'ha accusato. Ma...

Virginia Orli – No, scusi, Agostino Tassi ha violentato Artemisia e nel processo l'hanno anche torturata per conoscere la verità! E lei non ha mai cambiato le sue parole.

Presentatrice – È vero. Artemisia ha avuto coraggio e ha rotto il silenzio. Un silenzio di secoli. Ed è ancora oggi un punto di riferimento per tutte le donne. Ma non dobbiamo dimenticare l'artista. Perché le sue opere sono al livello dei grandi pittori del suo tempo. Caravaggio, i Carracci, Guido Reni, lo stesso Orazio Gentileschi...

Virginia Orli – Nessun uomo ha mai dipinto i grandi personaggi femminili della storia con la stessa intensità e soprattutto con quella conoscenza del corpo e dell'anima femminile che solo una donna può avere.

Presentatrice – Verissimo! Gobbi, oggi lei è in minoranza...

Vincenzo Gobbi – Ahahah! Come Oloferne? Devo avere paura?

▶ ispirazioni: romanzo *"Artemisia"* di Anna Banti, 1947

ESTETICA
la scienza della bellezza nell'arte, in questo caso l'aspetto più formale dell'opera.

LO STILE E LA TECNICA
lo stile è il modo particolare di lavorare di un artista, la tecnica è come e con quali strumenti l'artista realizza la sua opera d'arte.

SERVA
donna a servizio di un'altra persona.

STUPRATORE
un uomo che stupra, cioè violenta sessualmente un'altra persona.

L'HA ACCUSATO
(inf. *accusare*) ha dato ufficialmente a lui la colpa (della violenza).

L'HANNO TORTURATA
(inf. *torturare*) le hanno causato una sofferenza nel corpo, con sistemi e strumenti studiati per dare il massimo dolore.

HA ROTTO IL SILENZIO
(inf. *rompere*) ha parlato per la prima volta di qualcosa che c'è da molto tempo.

I CARRACCI, GUIDO RENI
i fratelli Carracci e il loro allievo Guido Reni sono tra i più grandi pittori della scuola bolognese.

È IN MINORANZA
è in numero minore (le donne sono due, Virginia e la presentatrice, mentre lui, come uomo, è uno solo).

ATTIVITÀ

1 • L'opzione corretta *Leggi il racconto e poi segna se le affermazioni sono vere (V) o false (F).*

		V	F
a.	Gli ospiti di questa settimana sono due professionisti che lavorano nel mondo dell'arte.	☐	☐
b.	Artemisia impara a dipingere dal padre.	☐	☐
c.	Artemisia diventa famosa soprattutto per il processo.	☐	☐
d.	Artemisia diventa una vera artista solo grazie a suo marito.	☐	☐
e.	Artemisia, come pittrice, è dimenticata fino al Novecento.	☐	☐
f.	Per Gobbi, Artemisia e il padre hanno lo stesso talento.	☐	☐
g.	Per Gobbi, nella seconda versione si vede di più l'influenza di Caravaggio.	☐	☐
h.	Per Virginia, nella prima versione Giuditta è più violenta.	☐	☐
i.	Entrambe le opere hanno come protagoniste dell'azione Giuditta e la sua serva.	☐	☐
l.	Per Gobbi, Agostino Tassi non ha violentato Artemisia.	☐	☐
m.	Per la presentatrice, Artemisia è molto importante anche come pittrice.	☐	☐

LO SAI CHE...

Nel 1612 Orazio Gentileschi, il padre di Artemisia, accusa l'amico Agostino Tassi: circa un anno prima, durante una lezione di disegno (Tassi è un famoso *quadraturista* – un pittore di architetture), l'uomo ha stuprato la figlia adolescente.
Nel lungo processo che segue, Artemisia non cambierà mai la sua versione dei fatti.
Alla fine vince il processo, ma la pena per Tassi sarà minima.
Purtroppo, nessuno crederà mai veramente ad Artemisia.
Ancora oggi si possono seguire tutte le fasi del processo. Infatti, abbiamo le relazioni e i documenti originali con i racconti di Artemisia, Agostino, Orazio, e altri personaggi vicini ai Gentileschi.

2 • Conosci le professioni legate al mondo dell'arte? *Leggi le descrizioni e trova la professione corrispondente.*

a. analizza le opere d'arte e ne valuta l'importanza

b. organizza le mostre nei musei o nelle gallerie private

c. conosce molto bene tutte le correnti artistiche e gli artisti più importanti dalle origini fino a oggi

d. vende e compra opere d'arte

e. è proprietario e/o gestore di una galleria d'arte

f. cerca di riportare un'opera alle sue condizioni originarie

MERCANTE D'ARTE

RESTAURATORE

STORICO DELL'ARTE

GALLERISTA

CURATORE

CRITICO D'ARTE

3 • A lei non interesserà, ma a noi sì. *Gobbi risponde così alle osservazioni di Virginia sull'opera. È un futuro, ma non ha una funzione temporale. Ma allora che cosa significa? Guarda di nuovo l'esempio del racconto e scegli il significato.*

A lei non **interesserà**, ma a noi sì.

- ☐ a. **Forse** a lei non interessa, ma a noi sì.
- ☐ b. **Sicuramente** a lei non interessa, ma a noi sì.
- ☐ c. **Per fortuna** a lei non interessa, ma a noi sì.

*Ora leggi queste frasi e segna solo quelle con un futuro che **non** ha funzione temporale.*

a. Artemisia non avrà il talento di Caravaggio, ma le sue opere sono magnifiche. ◯

b. La storia dell'arte dimenticherà Artemisia e le sue opere per secoli. ◯

c. Solo a Firenze Artemisia troverà il suo spazio di artista indipendente dal padre. ◯

d. Agostino Tassi sarà anche il pittore di architetture migliore del Seicento, ma resta comunque un uomo violento. ◯

e. Artemisia vince il processo, ma la sua fama di donna "facile" la accompagnerà per tutta la vita. ◯

f. La giovane Artemisia non avrà le conoscenze di Orazio Gentileschi, ma il valore delle sue opere a volte supera quelle del padre. ◯

g. All'inizio Cosimo De' Medici non accetterà la *Giuditta* di Artemisia perché troppo violenta. ◯

4 • La lezione caravaggesca è più evidente. *Gobbi e Virginia hanno opinioni diverse sulle due opere. Nel confronto usano spesso la struttura* **più** + **aggettivo**. *Osserva lo schema dei tre tipi di comparativi.*

Oggi Caravaggio è **più famoso** di Artemisia.

Oggi Artemisia è **meno famosa** di Caravaggio.

Le opere di Artemisia sono (**tanto**) **interessanti quanto / come** quelle di Caravaggio.

Ci sono dei casi speciali. Qualche esempio utile.

più bello / più buono ↓ **migliore**	meno bello / meno buono (o più brutto) ↓ **peggiore**
più grande / più alto ↓ **maggiore / superiore**	meno grande / meno alto (o più piccolo / più basso) ↓ **minore / inferiore**

Ora guarda le due versioni e poi completa il testo con le opzioni giuste.

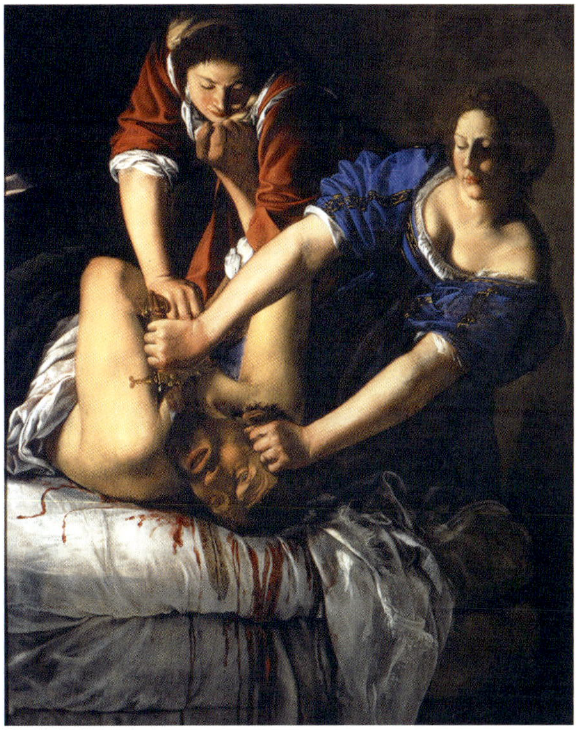

1612 – 1613
Museo Nazionale di Capodimonte – Napoli

1620 circa
Galleria degli Uffizi – Firenze

Le due versioni di *Giuditta che decapita Olferne* di Artemisia sembrano simili, ma in realtà alcuni particolari le rendono molto diverse. Per esempio, nella prima versione il corpo di Oloferne è **meno / più** evidente (il focus infatti è soltanto sulla sua testa e sulle sue braccia). Lo spazio attorno alle figure è **maggiore / minore** e il vestito di Giuditta è **più / meno** scuro. Inoltre, il suo viso sembra **più / meno** calmo, la sua espressione **più / meno** arrabbiata. Nell'insieme la scena è **più / meno** violenta che nella seconda versione, infatti qui il sangue è solo sulle lenzuola, e non sui vestiti o sulle braccia, come nella versione fiorentina.

ATTIVITÀ

I COLORI

COLORI PRIMARI

sono i colori base per formare tutti gli altri colori

ROSSO   BLU   GIALLO

COLORI SECONDARI

si formano con l'unione di due colori primari

VERDE giallo + blu

ARANCIONE rosso + giallo

VIOLA rosso + blu

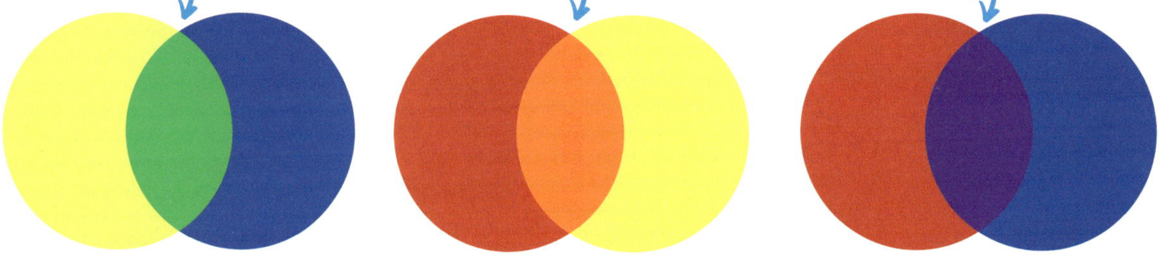

COLORI TERZIARI

si formano con l'unione di un colore primario (P) e di un colore secondario (S)

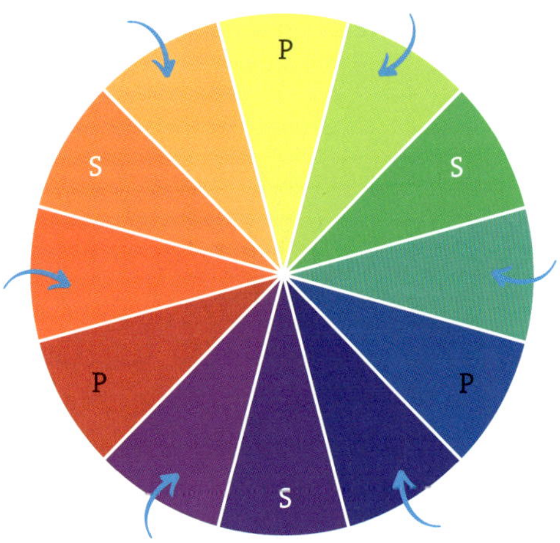

COLORI COMPLEMENTARI

hanno la posizione opposta nel cerchio cromatico (per esempio: rosso e verde / viola e giallo)

COLORI FREDDI E COLORI CALDI

Come ha teorizzato Louis Turenne all'inizio del Novecento, i colori hanno un effetto sulle nostre emozioni. La prima differenza è quella tra colori caldi (che ricordano quindi la luce, il sole, il fuoco, ecc.) e i colori freddi (legati alla notte, all'acqua, al cielo, ecc.)

APPUNTI DI STORIA DELL'ARTE

I colori nella pittura

Il sistema dei colori nella pittura è diverso dal sistema dei colori nella luce (cioè i colori come li vede il nostro occhio nella realtà). Infatti, nella pittura l'unione di tutti i colori dà il nero, mentre nella realtà l'unione di tutti i colori è il bianco.

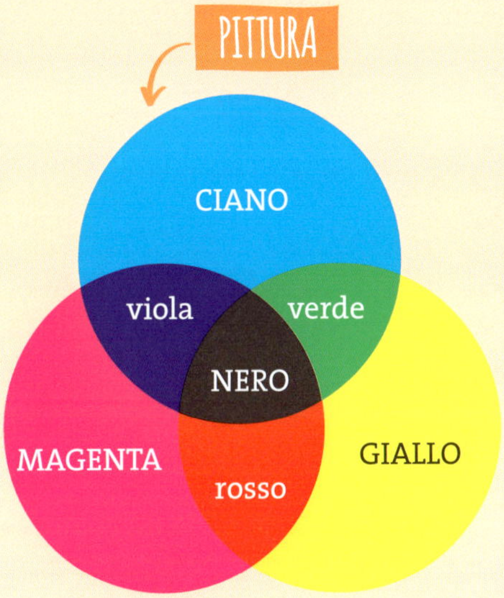

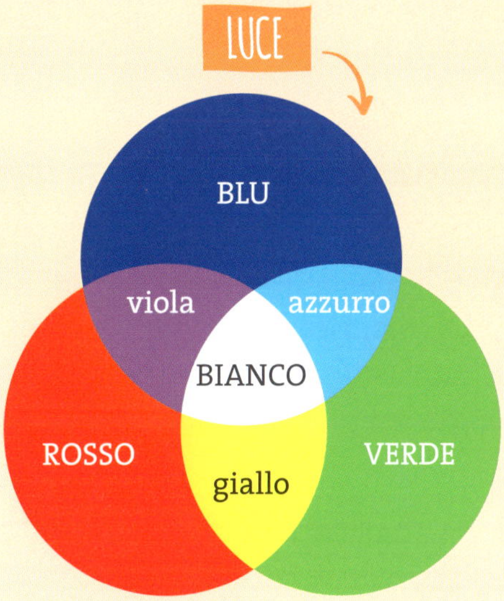

La preparazione dei colori era per i pittori un'arte segreta: ogni bottega aveva le sue ricette per creare le tonalità migliori.
Nell'Ottocento, grazie ai progressi delle scienze, si provano nuove possibilità cromatiche.
Nascono i colori sintetici.

Il primo **cerchio cromatico** è opera del fisico e matematico Isaac Newton nei primi del Settecento.

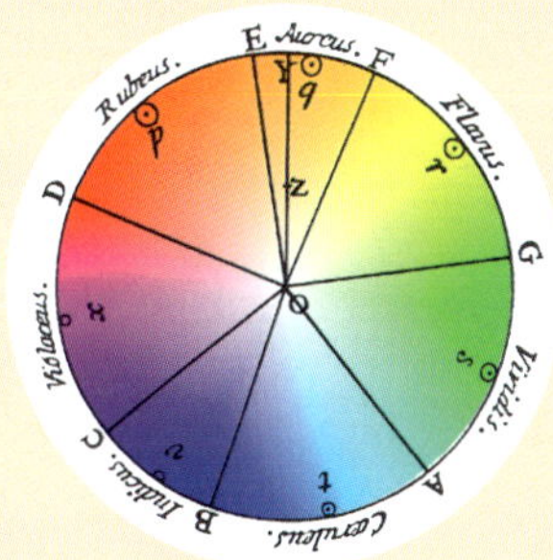

Nel Novecento il pittore e designer Johannes Itten realizza una versione più evoluta del cerchio cromatico e scrive *L'arte del colore*, una delle opere più importanti su questo argomento.

ATTIVITÀ

LO SAI CHE...

Artemisia dipinge almeno sette versioni con il soggetto di Giuditta.
In generale, al centro delle sue opere ci sono quasi sempre importanti figure femminili: Susanna, Maria Maddalena, Santa Caterina, Cleopatra, Lucrezia, Salomè... Tutte donne che hanno lottato, si sono trasformate, sono diventate più forti. Gli uomini delle loro storie sono spesso personaggi negativi, a volte violenti.
Per questo, ma non solo, molti riconoscono in Artemisia una femminista ante-litteram[1].

[1]ante-litteram: espressione latina per indicare qualcosa che c'è già molto prima della sua esistenza ufficiale.

5 • Di che colore è? *Guarda il dipinto e abbina la descrizione giusta ad ogni elemento.*

1. Ha le sfumature grigie del chiaroscuro e alcuni segni rossi.
2. Ha un colore freddo e dei ricami in nero e oro.
3. È in parte nero ma dietro Giuditta è più chiaro.
4. Ha un colore caldo con alcune parti bianche.

a. Lo sfondo
b. Il lenzuolo
c. Il vestito della serva
d. Il vestito di Giuditta

LE QUALITÀ DEI COLORI

Un colore può essere...

OPACO

LUCIDO

CHIARO

SCURO

DEBOLE / SPENTO / SMORTO

FORTE / ACCESO / VIVACE

TENDENTE A...

quando un colore ha una sfumatura che va verso un altro colore si dice che è tendente a quel colore.
Per esempio, questo è un blu tendente al viola.

HA UNA TONALITÀ...

il livello di intensità di un colore si chiama tonalità.
Per esempio, queste sono alcune tonalità di verde.

6 • Com'è il colore? *Leggi le frasi e scegli l'opzione corretta.*

chiaro | lucide | opache | scuro | spenti | tendente al | vivaci

a. I colori del *Cenacolo* di Leonardo erano molto rovinati, quasi ________________. Dopo il lunghissimo lavoro di restauro, non sono tornati come in origine, ma sono sicuramente più ________________.

b. Nella *Pala di Brera* il mantello della Madonna ha un colore più ________________ rispetto alle vesti degli altri personaggi. Il colore dell'abito invece è più ________________.

c. Nella *Primavera* di Botticelli, il vento Zefiro ha una pelle chiara ________________ grigio.

d. La copia della *Natività* di Caravaggio è sorprendente. Hanno riprodotto anche le pennellate dell'artista, con parti più ________________ e parti più ________________ proprio come nell'originale.

ATTIVITÀ

LO SAI CHE...

Molto interessante è il libro "Artemisia", scritto in forma di dialogo tra la pittrice e l'autrice. L'ha scritto Anna Banti, scrittrice, storica dell'arte e molto altro. Suo marito era Roberto Longhi, lo storico che ha riscoperto Artemisia dopo secoli di silenzio.

APPUNTI DI STORIA DELL'ARTE

Altre importanti pittrici italiane (più o meno dello stesso periodo di Artemisia Gentileschi)

Vivo un po' in Sicilia e un po' in Spagna, e dipingo tantissimi ritratti per committenti importanti. Per la corte però sono solo una dama di compagnia, non una pittrice! Non posso firmare i miei quadri e non posso ricevere denaro. Vi sembra giusto?

Sofonisba Anguissola
(1532 – 1625)

Elisabetta Sirani
(1638 – 1665)

Nasco e cresco a Bologna e imparo il mestiere da mio padre, Giovanni Andrea Sirani. Come tutte le donne della mia epoca, per essere una pittrice libera devo sposare un pittore! Ho moltissimi figli, ma lavoro comunque con successo. Persino il Papa mi vuole alla sua corte: per questo la gente mi chiamerà "la Pontificia Pittrice".

Cresco nella bottega di mio padre, Prospero Fontana, che lavora a Bologna per il grande Guido Reni. Le mie opere hanno uno stile nuovo. Le dipingo anche in pubblico, così tutti possono vedere che sono io l'autrice e non mio padre! Creo la prima scuola per pittrici e divento ufficialmente "maestra" come i miei colleghi uomini.

Lavinia Fontana
(1552 – 1614)

Fede Galizia
(1574? – 1630)

Ho 12 anni quando inizio a lavorare alla bottega di mio padre, Nunzio Galizia, a Milano. Faccio ritratti, dipingo soggetti biblici, ma la gente ama soprattutto le mie nature morte[1]. A diciotto anni realizzo la *Giuditta con la testa di Oloferne*: è la prima Giuditta nella storia firmata da una donna!

[1] natura morta: quando il soggetto di un dipinto non ha né figure animali, né figure umane, ma solo oggetti.

Sai che a Pozzuoli, vicino Napoli, c'è una chiesa che contiene quasi 18 metri quadrati di opere di Artemisia?
Visita la Basilica di San Procolo Martire e ammira *San Gennaro nell'anfiteatro di Pozzuoli*, i *Santi Procolo e Nicea* e l'*Adorazione dei Magi*.

Titolo: Giuditta che decapita Oloferne
Autore: Artemisia Gentileschi

Data: 1612 – 1613	**Data:** 1620 circa
Tecnica: olio su tela	**Tecnica:** olio su tela
Dimensioni: 158,8 x 125,5 cm	**Dimensioni:** 199 x 162,5 cm
Ubicazione: Museo Nazionale di Capodimonte, Napoli	**Ubicazione:** Galleria degli Uffizi, Firenze

BREVE ANALISI

SOGGETTO Giuditta, eroina della Bibbia, decapita il nemico Oloferne e libera così la sua città.

DESCRIZIONE Centro della narrazione sono due donne, Giuditta e la sua serva. Sul letto c'è Oloferne, disteso con la testa capovolta[1] e con un'espressione di terrore: stava dormendo e non si aspettava questo attacco. Giuditta, bellissima in un elegante vestito blu e con un'espressione calma, taglia la testa di Oloferne usando proprio la spada del suo nemico. La sua serva, vestita di rosso, la aiuta: tiene fermo Oloferne, che cerca di difendersi.

COMMENTO Queste due versioni hanno come riferimento la *Giuditta di Caravaggio*, artista molto amato e seguito da Artemisia. Anche qui i personaggi sembrano venire fuori dall'ombra e si muovono come su un palcoscenico. Pochi colori, ma intensi.

Le due versioni sembrano simili, ma in realtà alcuni particolari le rendono piuttosto diverse. Per esempio, nell'opera conservata a Napoli Giuditta è più calma e meno arrabbiata. Nell'insieme la scena appare meno violenta: il sangue è solo sui vestiti e non sulle braccia di Artemisia e della serva, come invece si può notare nella versione fiorentina.

Anche nella realizzazione ci sono differenze sostanziali: per esempio la versione conservata a Firenze è più ampia e più curata nell'estetica e nella realizzazione dei particolari, mentre l'opera precedente mostra un'attenzione maggiore alla sostanza del gesto, alla sicurezza delle due donne, alla forza e alla calma di Giuditta. È stata dipinta subito dopo il processo e racconta in maniera forse più evidente tutta la sofferenza, ma anche la rabbia, di Artemisia, che ha saputo reagire alla violenza con la forza della sua arte e una grande capacità di trasformazione.

[1] capovolta: nella posizione opposta rispetto a quella normale.

ARTEMISIA GENTILESCHI

Roma 1593 – Napoli 1654

1. È la modella in moltissimi dipinti del padre. Anche nelle sue opere dipinge spesso il proprio corpo per i vari soggetti femminili.
2. Quando si sposta a Firenze si firma Artemisia Lomi (il cognome dello zio, anche lui pittore) per trovare la sua autonomia artistica rispetto al padre.
3. È molto amica dello scienziato Galileo Galilei e del nipote di Michelangelo, importante mecenate di Firenze.
4. Entra, come prima e unica donna dei suoi tempi, nell'Accademia del disegno fiorentino.
5. Come tutte le donne dell'epoca cresce analfabeta. Imparerà da grande e da sola a leggere e a scrivere.

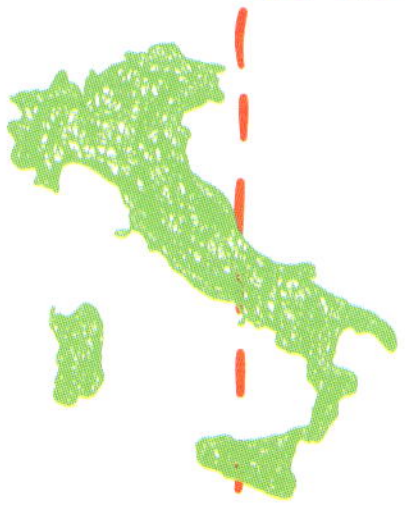

ITINERARI D'ITALIA

Vuoi vivere un po' delle atmosfere di Artemisia? Vai a Roma e visita il **rione Campo Marzio**, il quartiere dove vivevano quasi tutti gli artisti nel Seicento. Parti da **via di Ripetta** all'angolo con l'Ospedale di San Giacomo dove è nata Artemisia, attraversa **Piazza del Popolo** e arriva fino a **Piazza di Spagna** dove i Gentileschi vivono per qualche anno, poi prendi **via del Babuino** fino all'angolo con **via dei Greci**: qui c'era la loro abitazione successiva. Non lontano c'è **via della Croce**, la quarta e ultima casa di Artemisia, dove la sua vita cambia per sempre.

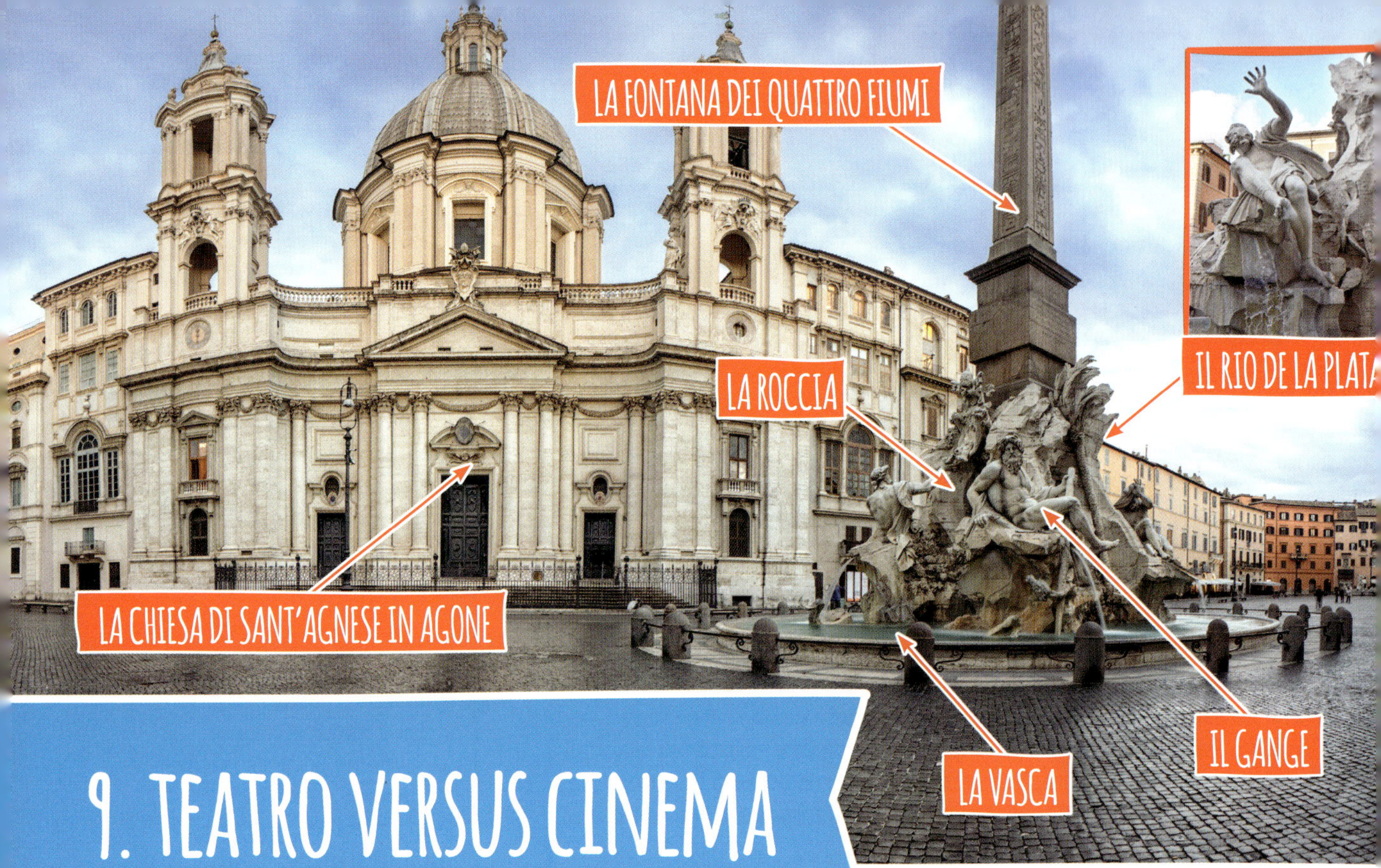

9. TEATRO VERSUS CINEMA

TRACCIA 09

Piazza Navona, Fontana dei Quattro Fiumi. Notte.

Fa freddo e c'è molto vento.

> – Non c'è nessuno – pensa Claudio – I romani non amano l'inverno. Meglio così.

Passeggiare attorno alla Fontana dei Quattro Fiumi di Bernini senza la folla di turisti e venditori è un miracolo.

Claudio osserva la roccia di marmo, al centro della grande vasca...

> – Chissà perché Bernini ha voluto scolpirla di persona – si domanda – mentre il resto del suo progetto è stato realizzato da altri...

Quelle rocce sono magnifiche: sembrano opera della natura nella loro perfetta irregolarità...

NOTE

DI PERSONA
direttamente lui.

IRREGOLARITÀ
imperfezione
(≠ regolarità).

SI STRINGONO LA MANO

(inf. *stringere*)

FILMACCI
film brutti.

SUL BORDO DELLA FONTANA

IN COSTUME
con i vestiti di quel periodo storico (in questo caso, del XVII secolo).

OPULENTO
troppo ricco, in questo caso, di decorazioni.

VIZIATO
educato senza nessuna disciplina.

ARROGANTE
che si sente superiore agli altri.

Claudio si accende una sigaretta.

– Che meraviglia il Barocco – pensa – che sa raccontare i giochi e le forme della natura.

– Pensavo di essere solo!

Chi ha parlato? Si volta, ma non vede nessuno.

– Sono qui, dalla parte del Rio de la Plata – risponde la voce.

Claudio fa il giro della fontana e finalmente lo vede.

– Oh, salve.
– Salve – risponde il ragazzo – Come mai è qui con questo tempo?
– Volevo vedere la piazza con un po' di pace.
– Anche io, soprattutto la chiesa di Sant'Agnese. Ma... tu sei Claudio Santagata! Io sono Armando, piacere.

Si stringono la mano.

– Ammiro molto il tuo lavoro. Sei uno dei pochi attori italiani che resistono ai filmacci.

Claudio ringrazia. I due uomini si siedono sul bordo della fontana, davanti alla statua del Gange.

– Come mai stai studiando la chiesa di Sant'Agnese? – chiede l'attore.
– Devo realizzare una scenografia ispirata a questa facciata...
– risponde Armando – Ma da domani purtroppo la piazza sarà chiusa. Dicono che stanno facendo un film sul Seicento. Sarà la solita storia d'amore in costume!

Claudio ride. Questo ragazzo gli piace.

– Guarda le linee della facciata della chiesa come danzano – continua Armando – dentro e fuori, avanti e indietro... Sembrano onde. Borromini mi piace perché non è mai opulento. Non come Bernini, che doveva sempre dimostrare la sua bravura...
– Non ti piace Bernini?!
– No. Era un genio, certo. Ma era anche un figlio d'arte, viziato e arrogante.

E il suo stile lo dimostra. Oro, marmi policromi, decorazioni... Non c'è respiro! Prendi l'interno di Sant'Agnese per esempio: Borromini l'aveva progettato molto più sobrio. Poi, con il nuovo Papa, i lavori sono passati a un'altra squadra di architetti, e il compito delle rifiniture è stato dato proprio a Bernini. E tutto è diventato esagerato.

– Ma l'essenza del Barocco è proprio l'esagerazione! Il gioco delle forme, il rischio del nuovo... A me piace molto Bernini, proprio per questo. Guarda questa fontana, non è geniale?

– Mh... Mi chiedo come l'avrebbe fatta Borromini. Questo lavoro poteva essere suo. Poi è arrivato Bernini col suo modello in argento, l'ha regalato alla Pimpaccia... E voilà, anche questa volta è riuscito a rubare la scena.

– Sai tante cose su Bernini e Borromini! Come mai?

– Beh, la scenografia da realizzare è per il mio spettacolo. È su Borromini, le sue ultime ore prima del suicidio.

– Allora tu scrivi per il teatro! Che bello.

– Sì, e recito anche. Sai è più economico.

Claudio ride. – Quando sarà la prima? Voglio venire!

– Tra un mese. Se vuoi ti mando l'invito. Un grande attore alla mia prima: che onore!

– Ma che dici, è un piacere. Anche perché sarà utilissimo per il mio film. Domani si comincia.

– Domani? – Armando guarda la piazza, ora ha capito! – Il film sul Seicento...

– Esatto. Ora però è tardi, devo andare. Domani cominciamo presto! Vuoi venire a vedere? Ti lascio un pass.

Claudio gli dà il pass e se ne va.

– Grazie! Ma...

Non gli ha chiesto il titolo del film.

Armando guarda il pass.
Un primo piano di Claudio Santagata e un titolo: *Bernini. Il genio arrogante*.

▶ ispirazioni: lezione di Philippe Daverio su Bernini e Borromini (programma "*Roma – La storia dell'arte*", RaiPlay)

POLICROMI
di vari colori.

ESAGERATO
oltre la giusta misura.

MODELLO
rappresentazione in piccolo dell'opera che si realizzerà.

PIMPACCIA
soprannome, con significato negativo, dato dal popolo a Olimpia Maidalchini, donna importantissima nella politica romana del Seicento, moglie del fratello di papa Innocenzo X.

RUBARE LA SCENA
è un'espressione presa dal teatro, significa prendere tutta l'attenzione del pubblico.

LA PRIMA
la prima rappresentazione di uno spettacolo teatrale o di un film.

PASS
documento per entrare a un evento privato.

1 • L'opzione corretta *Leggi il racconto e poi completa le frasi con l'opzione corretta.*

1. Piazza Navona è vuota perché
a. ☐ i negozi sono chiusi.
b. ☐ stanno girando un film.
c. ☐ fa molto freddo.

2. Claudio non sa perché Bernini
a. ☐ non ha scolpito la roccia della fontana.
b. ☐ ha scolpito solo la roccia della fontana.
c. ☐ ha scolpito solo i quattro fiumi.

3. Armando
a. ☐ arriva dopo Claudio e lo saluta.
b. ☐ arriva prima di Claudio, ma pensa di essere solo.
c. ☐ ha un appuntamento con Claudio.

4 Armando ammira Claudio perché
a. ☐ non ha ancora fatto un brutto film.
b. ☐ è un attore molto famoso.
c. ☐ è il regista di tutti i suoi film.

5. Armando studia la facciata di Sant'Agnese in Agone perché
a. ☐ farà il suo spettacolo dentro la chiesa.
b. ☐ nelle scene del suo spettacolo vuole disegnare quella chiesa.
c. ☐ deve scrivere uno spettacolo su quella chiesa.

6. Per Armando il film
a. ☐ sarà sicuramente un capolavoro.
b. ☐ non sarà una storia interessante.
c. ☐ sarà una storia contemporanea.

7. Armando ama Borromini perché
a. ☐ fa molte decorazioni come Bernini.
b. ☐ ha uno stile più sobrio di Bernini.
c. ☐ ha più talento e più tecnica di Bernini.

8. L'interno della chiesa di Sant'Agnese in Agone
a. ☐ è tutto di Bernini.
b. ☐ è tutto di Borromini.
c. ☐ l'ha fatto anche Bernini.

9. Claudio ama Bernini perché
a. ☐ è un artista innovativo.
b. ☐ è più interessante di Borromini.
c. ☐ usa poco le decorazioni.

10. Armando invita Claudio
a. ☐ a seguire le prove del suo spettacolo.
b. ☐ a leggere la sceneggiatura del suo spettacolo.
c. ☐ a vedere il suo spettacolo.

LO SAI CHE...

Nel Cinquecento i Romani iniziano ad attaccare su alcune statue antiche dei fogli con messaggi anonimi (senza la firma dell'autore): sono testi, a volte divertenti, che criticano soprattutto i governanti e i personaggi importanti della città.

Questi messaggi si chiamano "pasquinate" dal nome della **statua parlante** più famosa, il Pasquino, un'antica statua greca, ritrovata nel Cinquecento nel luogo in cui è ancora oggi, dietro piazza Navona, in una piccola piazza che infatti si chiama "Piazza di Pasquino".
Questa abitudine continua anche oggi!

Pasquino

ATTIVITÀ

2 • Stanno facendo un film sul Seicento *In italiano* **stare** + **gerundio** *si usa per indicare un'azione che continua in un periodo di tempo (breve o lungo), senza un inizio o una fine precisi. Guarda questo esempio.*

Quando incontra Claudio, Armando **sta osservando** la facciata della chiesa di Sant'Agnese perché **sta preparando** uno spettacolo su Borromini.	→ **PERIODO BREVE** → **PERIODO LUNGO**

Ti ricordi come si forma il gerundio?

disegn-**are** → disegn-**ando**
diping-**ere** → diping-**endo**
scolp-**ire** → scolp-**endo**

Però ci sono anche questi casi particolari.

fare → facendo
bere → bevendo
dire → dicendo

Ora leggi le frasi e completale con **stare** + **gerundio**.

a. Quando Claudio gli risponde, Armando capisce che (*parlare*) _______________ con un attore famoso.
b. Armando (*osservare*) _______________ la chiesa, quando Claudio, dietro la fontana, si accende una sigaretta.
c. Armando è a piazza Navona perché (*cercare*) _______________ ispirazione per la sua scenografia.
d. Mentre Armando (*leggere*) _____________ il titolo del film sul pass, Claudio (*uscire*)_______________ dalla piazza.
e. Armando capisce che il film è quello sul Seicento, proprio mentre Claudio (*dire*) _______________ che le riprese iniziano il giorno dopo.

LO SAI CHE...

Olimpia Maidalchini, o Donna Olimpia, è una delle donne più potenti del Seicento romano. Aiuta Giovanni Battista Pamphilj a diventare papa Innocenzo X e dopo l'elezione prende spesso le decisioni più importanti al posto del Papa; i romani la chiamano infatti la "Papessa" (femminile di Papa).
Bernini forse le regala un grande modello in argento della fontana di Piazza Navona: per questo il papa, che all'inizio dà la direzione dei lavori della piazza all'amato Borromini, alla fine decide di commissionare la fontana proprio al rivale, Bernini.

La Pimpaccia

3 • La fontana non è stata realizzata tutta da Bernini *Quando vogliamo dare importanza all'oggetto dell'azione, usiamo la forma passiva. Osserva questi esempi.*

Bernini **ha scolpito** la roccia.
il focus è su **Bernini** (**FORMA ATTIVA** del verbo)
La roccia **è stata scolpita** da Bernini.
il focus è sulla **roccia** (**FORMA PASSIVA** del verbo)

La **FORMA PASSIVA** del verbo è composta da:

il verbo **essere** (stesso tempo del verbo alla forma attiva)	+	il participio passato del verbo (*scolpito*, *fatto*, *disegnato*, *progettato*, *pitturato*, ecc.)

FORMA ATTIVA	FORMA PASSIVA
Borromini realizza (presente) la facciata.	La facciata è (presente) realizzata (participio passato) da Borromini
Borromini ha realizzato (passato prossimo) la facciata.	La facciata è stata (passato prossimo) realizzata (participio passato) da Borromini
	Dopo la preposizione ***da*** c'è la persona o la cosa che ha fatto l'azione.

Ora leggi queste frasi e trasformale alla forma passiva, come nell'esempio.

a. Bernini ha dato il modello della fontana alla "Pimpaccia."
Il modello della fontana **è stato dato** da Bernini alla "Pimpaccia".

b. Per la facciata di Sant'Agnese il Papa per un periodo sceglie Borromini.
____

c. Nel 1644, la Chiesa elegge il Papa Innocenzo X, ammiratore di Borromini.
____

d. Alcuni artisti importanti hanno scolpito le statue della fontana di Bernini.
____

e. Bernini realizzerà le ultime decorazioni dell'interno di Sant'Agnese.
____

f. Bernini e Borromini hanno progettato le più importanti opere architettoniche del Seicento.
____

ATTIVITÀ

4 • Domani si comincia! *Quando vogliamo parlare di qualcosa in generale, senza un soggetto preciso, possiamo usare* **si** + **verbo alla terza persona**. *Osserva questi esempi.*

Nel Barocco **si usava** spesso l'oro per le decorazioni.	→ significa che era usato spesso l'oro per le decorazioni	(**l'oro** singolare)
Nel Seicento **si usavano** le carrozze per viaggiare.	→ significa che per viaggiare erano usate le carrozze	(**le carrozze** plurale)

Ora prova a completare questo testo con i verbi qui sotto.

si celebrano | **si coltivano** | **si fanno** | **si gioca** | **si naviga** | **si va** | **si vendono**

In epoca romana piazza Navona è un enorme stadio voluto dall'imperatore Domiziano: qui ________________ le gare di atletica, canto e danza.
Nel Medioevo diventa uno spazio dove ________________ piante e ________________ a pregare nella piccola chiesa dedicata a Sant'Agnese.
Nel Seicento la piazza è un vero punto di ritrovo per la presenza del mercato, dove ________________ prodotti di tutti i tipi. ________________ qui anche la festa di Carnevale e gli eventi più importanti. Ma l'appuntamento più divertente per i romani da questo secolo fino all'Ottocento è quello dei sabati di agosto, quando intorno alle fontane ________________ e ________________ con l'acqua perché la piazza si trasforma... in un vero lago!

LA CHIESA

Che differenza c'è tra *duomo* e *basilica*? E quando una *chiesa* è *cattedrale*?
Vediamo le principali differenze.

LA CHIESA
edificio per il culto cristiano

LA BASILICA
in greco significa "casa del Re". Nell'antica Roma era la sede delle riunioni pubbliche e dell'amministrazione della giustizia. Oggi può essere anche una chiesa molto antica con un valore artistico importante.

L'ABBAZIA
insieme di edifici di una comunità religiosa, di solito in un luogo immerso nella natura

IL DUOMO
la chiesa più importante di una città

LA CATTEDRALE
la chiesa più importante di una città dove c'è il vescovo[1]

→ spesso le due parole (*duomo* e *cattedrale*) si usano con lo stesso significato

[1] vescovo: sacerdote responsabile della gestione di più chiese.

5 • Che cos'è? *Guarda le immagini di queste chiese italiane e completa la descrizione con il nome giusto:* **chiesa**, **cattedrale**, **basilica** *o* **abbazia**?

a. La__________ di Massenzio a Roma, un antico e importante edificio di epoca romana.

b. La________ di Santa Maria del Fiore, la principale chiesa di Firenze.

c. La _________ di San Domenico, una delle tante chiese di Napoli.

d. L'_________ di San Giovanni in Venere, un luogo di pace per una comunità religiosa in Abruzzo.

LA CHIESA BAROCCA

Un esempio: Sant'Agnese in Agone
Questa chiesa, uno dei più famosi esempi dello stile barocco, è il risultato del lavoro di molti artisti.

FUORI...

Il progetto della facciata è stato realizzato da Borromini, anche se i campanili e altre parti sono stati modificati dalla nuova direzione di Carlo Rainaldi: lui e il padre Girolamo sono tra i più importanti architetti (oltre a Borromini e Bernini) del Seicento romano.

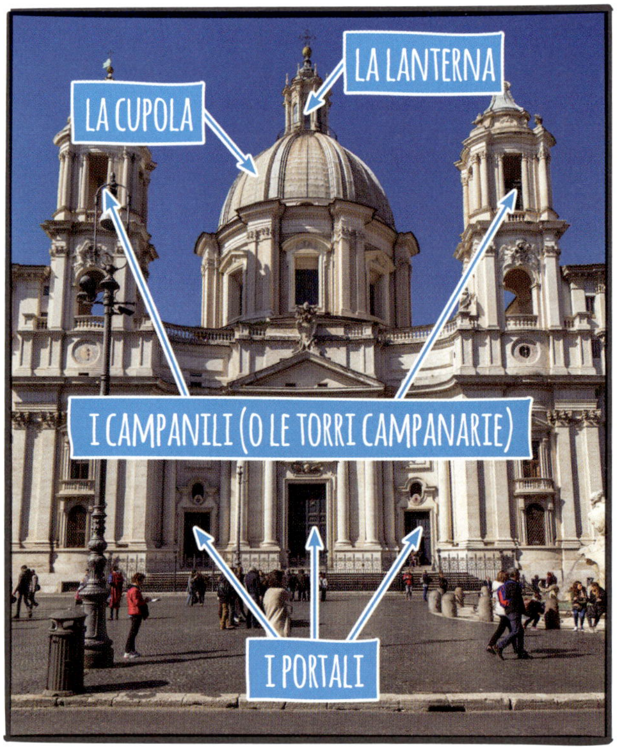

...E DENTRO

L'interno della chiesa, con la tipica pianta a croce greca, presenta sculture, rilievi e altre opere architettoniche di vari artisti, ma il lavoro di finitura è stato affidato a Bernini. Oro, marmi policromi, illusioni prospettiche, forme irregolari, giochi di luce... è il trionfo del barocco!

LA PIANTA A CROCE GRECA

LA PIANTA A CROCE LATINA

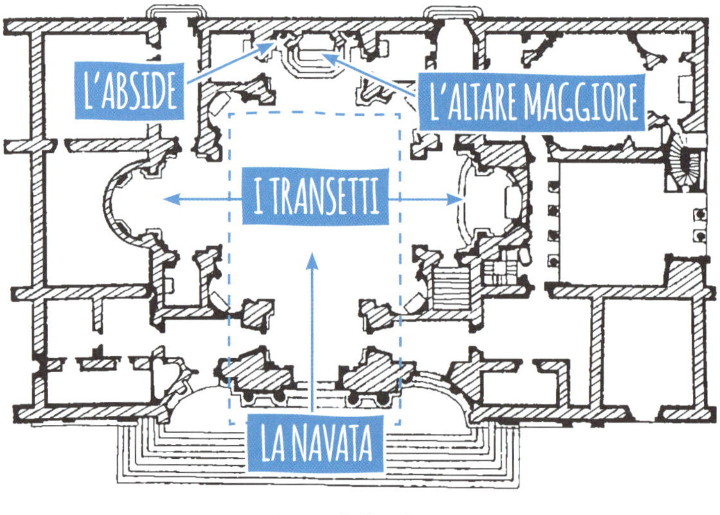

pianta della chiesa

6 • Bernini *versus* Borromini *Guarda queste foto di chiese barocche e trova il nome giusto per ogni elemento architettonico.*

abside | **altare maggiore** | **cupola** | **lanterna**

Sant'Ivo alla Sapienza
(**Borromini**)

San Tommaso da Villanova
(**Bernini**)

Santa Maria Assunta in Cielo
(**Bernini**)

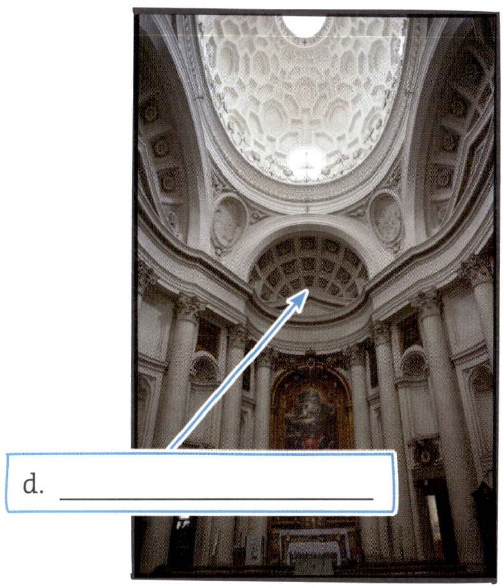

San Carlo alle Quattro Fontane
(**Borromini**)

LA FONTANA DEI QUATTRO FIUMI

Committente:
papa Innocenzo X
Autore del progetto:
Gian Lorenzo Bernini
Date: 1648 – 1651

LA ROCCIA

Ecco la roccia voluta e scolpita da Bernini.

IL RIO DE LA PLATA

Questa è la statua che rappresenta il Rio de la Plata, fiume americano.

IL GANGE

IL REMO

Questo colosso è il Gange, fiume asiatico, importante via di navigazione.

IL NILO

IL TELO

Ecco il Nilo, fiume africano: nel Seicento non si conosce la sua sorgente, per questo Bernini lo immagina così...

Il Danubio, fiume europeo, sta guardando qualcosa...

IL DANUBIO

LO STEMMA

... è lo stemma papale di Innocenzo X (ce ne sono due sulla fontana).

Sulla fontana c'è l'obelisco dell'imperatore Domiziano, e sopra l'obelisco...

L'OBELISCO

IL SIMBOLO

... la colomba con l'alloro, simbolo della famiglia Pamphilj.

7 • Piccolo viaggio nella fontana di Bernini *Leggi il testo e completalo con le parole mancanti.*

Africa | America | Asia | colomba | continenti | Danubio | Europa fiumi | Gange | Nilo | obelisco | Rio de la Plata | roccia | vasca

Quest'opera commissionata a Bernini da papa Innocenzo X ha uno stile completamente nuovo per quell'epoca: una ________________ larga e bassa con al centro una grande ________________ e quattro colossi in marmo per rappresentare i ________________ principali dei quattro ________________ conosciuti; il ________________ con un grande remo (rappresenta l'________________), il ________________ che si copre il viso con un telo (rappresenta l'________________), il ________________ che alza un braccio (rappresenta l'________________) e infine il ________________ (rappresenta l'________________) che indica lo stemma papale.
Ci sono anche piante e animali legati ai vari continenti.
I delfini sono invece un riferimento allo stemma di famiglia del Papa (i Pamphilj) come anche la ________________ con in bocca l'alloro, sull'________________.

8 • Conosci Piazza Navona? *Inserisci i nomi dei monumenti al posto giusto.*

Chiesa di Sant'Agnese in Agone | Fontana dei Quattro Fiumi | Fontana del Moro Fontana del Nettuno | Palazzo Pamphilj

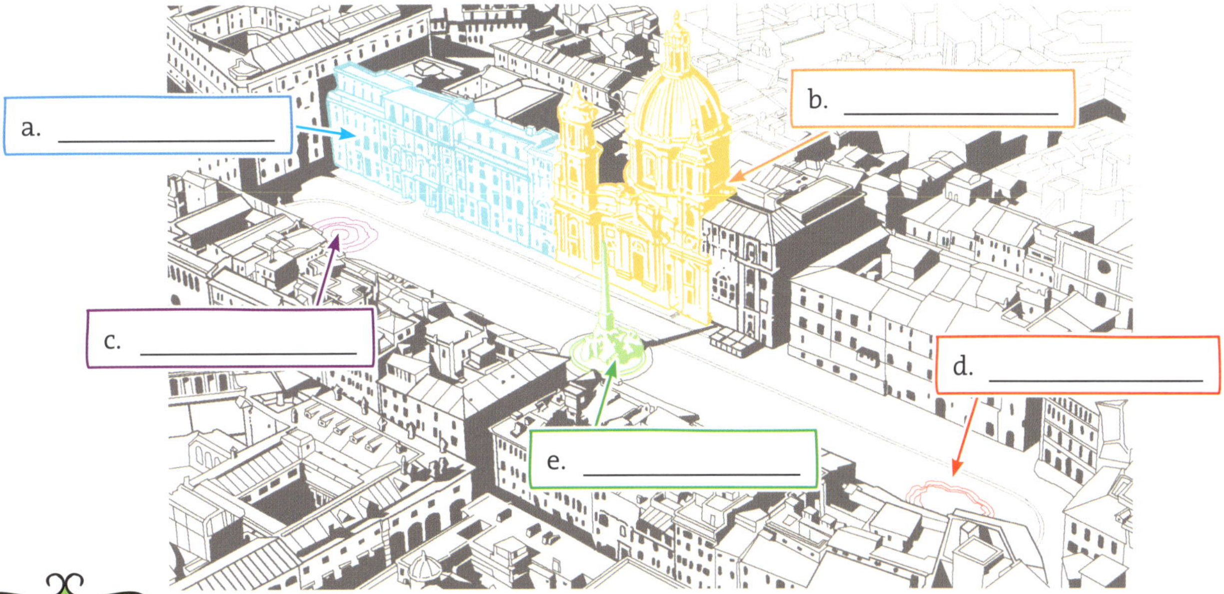

LO SAI CHE...

C'è una storia, famosa ancora oggi, legata all'eterna competizione tra i due geni del Barocco romano. La leggenda dice che due dei quattro fiumi della fontana di Bernini mostrano tutto il loro disprezzo verso la chiesa progettata da Borromini: il Rio della Plata, infatti, si copre il viso perché ha paura del crollo del campanile, o della cupola, della Chiesa di Sant'Agnese in Agone, mentre il Nilo si copre il viso perché non vuole vederla. In realtà non c'è niente di vero, perché la chiesa di Borromini è stata realizzata dopo la fontana di Bernini.

IL BAROCCO

Alla fine del XVII secolo, la parola *barocco* indica lo stile strano e irregolare delle architetture e delle arti nel Seicento a Roma. All'inizio si pensa soprattutto al contrasto tra questo stile troppo ricco e l'equilibrio perfetto delle forme classiche. Solo nel Novecento *barocco* perde il suo significato negativo e diventa il simbolo di una rivoluzione stilistica di tutte le arti: non solo quindi pittura, scultura e architettura, ma anche poesia e soprattutto musica. Proprio in questo periodo nasce l'Opera.

Le forme principali del Barocco in architettura vogliono imitare la natura: l'acqua, il fuoco, i fiori, ecc.

Sai che a Roma, oltre al Pasquino, ci sono altre statue parlanti?
Parti da Piazza Venezia e scopri **Madama Lucrezia**, poi prosegui in via del Corso e all'incrocio con via della Vite ammira il **Facchino**. Infine, torna in via del Corso e gira a destra in via dei Greci, arriverai in via del Babuino, il cui nome deriva proprio da una delle statue parlanti più famose di Roma: il **Babuino**.

Nome: Piazza Navona
Principali architetti e scultori:
- Gian Lorenzo Bernini
- Francesco Borromini
- Girolamo e Carlo Rainaldi
- Pietro da Cortona

Monumenti:
- Chiesa di Sant'Agnese in Agone
- Fontana dei Quattro Fiumi
- Palazzo Pamphilj

Periodo: Seicento
Stile: barocco
Ubicazione: centro storico di Roma
Committenti: famiglia Pamphilj e poi papa Innocenzo X

BREVE ANALISI

DESCRIZIONE Questa piazza occupa lo spazio dell'antico stadio di Domiziano. Nel Seicento il futuro Papa Innocenzo X decide di commissionare a Girolamo Rainaldi la costruzione della casa di famiglia: palazzo Pamphilj. Il Papa decide poi di costruire una grande fontana al centro della piazza. All'inizio il progetto è affidato a Borromini, ma poi Bernini riesce ad avere la commissione e realizza la Fontana dei Quattro Fiumi. Un altro importante progetto di Innocenzo X è la ricostruzione della chiesa di Sant'Agnese. L'idea è quella di realizzare una grande cappella[1] di famiglia. L'opera è affidata a Girolamo e Carlo Rainaldi, ma poi per un periodo i lavori passano a Borromini, che modifica alcuni elementi e realizza una originale facciata concava. Nella piazza ci sono altre due importanti fontane: la Fontana del Moro e la Fontana del Nettuno.

COMMENTO Piazza Navona è una delle piazze barocche più famose al mondo. La sua forma particolare ricorda le sue origini romane, come anche la presenza dell'obelisco al centro esatto della piazza.
Il destino importante della piazza comincia nel Quattrocento, quando il Papa decide di spostare qui il mercato. Da allora la piazza diventa un luogo di ritrovo e ospita gli eventi religiosi e mondani[2] più importanti, tra cui i famosi giochi d'acqua che continuano fino a metà Ottocento. Grazie a Innocenzo X, piazza Navona diventa non solo uno dei simboli più importanti del Barocco, ma anche il teatro della rivalità tra i due artisti romani più interessanti del Seicento: Bernini e Borromini.

[1] cappella: luogo per le tombe di tutti i familiari
[2] mondani: legati alla vita e al divertimento della gente che si ritrova nei posti più importanti della città (viene dalla parola mondo)

GIAN LORENZO BERNINI

Napoli 1598 –
Roma 1680

1. Nasce in una grande città in Italia del Sud.
2. Suo padre è scultore e pittore.
3. Preferisce gli abiti colorati.
4. Ama stare in compagnia.
5. È prima di tutto uno scultore.
6. La sua formazione artistica è a Roma.
7. Dei suoi lavori è sempre orgoglioso.
8. Preferisce usare materiali preziosi e marmi policromi.
9. Muore sereno.

FRANCESCO BORROMINI

Bissone 1599 –
Roma 1667

1. Nasce in un piccolo paese in Svizzera.
2. Suo padre è architetto.
3. Preferisce gli abiti scuri.
4. Ama stare da solo.
5. È prima di tutto un architetto.
6. La sua formazione artistica è a Milano.
7. Dei suoi lavori non è mai soddisfatto.
8. Preferisce usare materiali poveri e il colore bianco.
9. Muore disperato.

ITINERARI D'ITALIA

Vuoi ammirare le fontane di Bernini passeggiando nelle vie più belle di Roma?
Parti da *piazza di Spagna* dove c'è la famosa **Barcaccia**, poi attraversa *piazza Trinità dei Monti* e continua in *via Sistina* e poi in *via del Tritone* fino a *piazza Barberini*, dove vedrai la grande **Fontana del Tritone**. Prendi *via Veneto* e gira in *via San Basilio*: qui troverai la bellissima **Fontana delle Api**.

10. APPUNTAMENTO CON IL FUTURO

TRACCIA 10

Milano, 1913.

Giardini di Porta Venezia.

Lucilla sta scrivendo. Davanti a lei c'è un uomo.

– Posso? – le chiede lui.
– Prego – gli risponde lei.
L'uomo si siede. – Grazie. Oggi, con questa bella giornata, non ci sono panchine libere!

Lucilla sorride. Non riesce a ricordare dove ha già visto l'uomo. Intanto lui si toglie il cappello e guarda per un attimo il sole, poi chiude gli occhi.

– Com'è bello! – pensa lei.

L'uomo apre gli occhi e guarda il quaderno aperto sulle ginocchia di Lucilla.

NOTE

GIARDINI DI PORTA VENEZIA

giardini pubblici nel centro di Milano.

PANCHINE

CAPPELLO

MANIFESTO (TECNICO) DELLA LETTERATURA FUTURISTA
testo scritto da Marinetti per spiegare le caratteristiche della letteratura futurista.

SOSPIRA
(inf. *sospirare*)
respira profondamente.

VOCE CALDA
è un modo per dire che la voce ha un tono basso e profondo.

SI ALLONTANA
(inf. *allontanarsi*)
va via da un luogo.

– Lei scrive? – le chiede.

– Pensieri liberi, poesie... senza regole. Qui trovo tante situazioni interessanti.

– Situazioni?

– Persone, spazi, movimenti...

– Non sarà una futurista?

– Magari! Mi piacerebbe molto... Il "Manifesto della letteratura futurista" mi ha dato il coraggio per scrivere finalmente quello che voglio. Prima avevo paura. Ora non più.

– Davvero? Ma che felicità! Io invece in questo periodo sono più interessato alla scultura. L'incontro tra materia e ambiente, il movimento continuo di un corpo nello spazio...

– Allora il vero futurista è lei! – dice Lucilla.

– Ahahahah – L'uomo ride ma non risponde.

Poi chiude gli occhi e sospira davanti alla luce di mezzogiorno.

Anche Lucilla chiude gli occhi: vuole creare una poesia su quest'uomo.
La forza negli occhi, le mani grandi, la voce calda... Sta per scrivere qualcosa quando, improvvisamente, l'uomo si alza.

– Devo andare. Ma ci rivedremo!

Mentre lui si allontana, Lucilla lo guarda sorpresa.

Poi vede che l'uomo ha lasciato sulla panchina un biglietto: da un lato c'è un indirizzo e dall'altro queste parole:

Il tuo sguardo è sole!
Ti aspetto. Domani.
Dalle 9 in poi.

Lucilla legge e rilegge il biglietto... Andare a casa di uno sconosciuto? Mai!

Invece, il giorno dopo, alle dieci, Lucilla è davanti a una porta con il biglietto in mano.

Prima di bussare, ascolta. Nessun rumore.

Toc toc.

Una voce le risponde – È aperto! Vieni!

Lucilla entra in una stanza luminosa e piena di oggetti.
È uno studio! Ma allora lui è un artista!
Ci sono moltissime tele e sculture, libri e giornali.
Al centro, su un piedistallo di legno, c'è una grande statua in gesso.
È stranissima! Lucilla non ha mai visto niente di simile.
È un essere umano? Una macchina? Non sa.
Ha muscoli, ma non ha braccia, né viso.
Cammina in avanti con forza. Le linee del suo corpo sembrano entrare e uscire dallo spazio, creano volumi concavi e convessi.
La divisione tra materia e ambiente non c'è più.

Anche lui sta osservando la sua opera in silenzio. Poi dice a Lucilla:

– Si chiama *Forme uniche della continuità nello spazio*... che ne pensi?
Lei risponde dopo qualche secondo – Viene dal futuro.
– È esattamente quello che vogliamo fare: raccontare il futuro! – dice l'uomo con le braccia aperte e un ampio sorriso.

Dietro di lui, sul muro, Lucilla nota una foto.
Al centro c'è Marinetti! Ma sì, è il gruppo dei futuristi!
E sulla sinistra le sembra proprio...

– Sì, sono io, Umberto Boccioni. – L'uomo sorride.

Ora finalmente Lucilla sa dove l'aveva già visto!

– Vieni con me alla Ca' Rossa? – le chiede l'artista – Ho un appuntamento con gli altri per pranzo.

BUSSARE
battere su una porta per chiedere di entrare.

TOC TOC
rumore della mano che batte sulla porta.

STUDIO
in questo caso è il luogo dove l'artista crea le sue opere.

NOTA
(inf. *notare*)
vede un dettaglio per la prima volta.

CA' ROSSA
casa (ca' significa *casa* in dialetto milanese) di colore rosso e ricca di decorazioni, è la casa dove abitava Marinetti.

VERSI
si chiamano così le righe di una poesia.

Gli altri, Lucilla lo sa dai giornali, sono letterati, filosofi, artisti, poeti, musicisti, danzatori... che da un po' di tempo, si riuniscono in Corso Venezia 61, nella bella casa di Marinetti.

Lucilla non ha parole, l'emozione è troppo forte. Fa solo un movimento con la testa.

– Sono sicuro che questo pranzo diventerà un ottimo materiale per i tuoi versi!

Lucilla sorride.
Riuscirà mai a raccontare in una poesia questa giornata?

▶ ispirazioni: "*Diari*" di Umberto Boccioni, a cura di G. Di Milia, 2003

ATTIVITÀ

1 • Il riassunto corretto *Leggi i quattro riassunti del racconto e scegli quello giusto.*

1. In un giardino pubblico Lucilla incontra un uomo. È la prima volta che lo vede e lo trova molto bello. I due chiacchierano un po' e poi lui la invita a casa sua. Il giorno dopo lei va all'appuntamento e scopre che l'uomo è un famoso artista futurista. Lui le mostra la sua ultima scultura e poi la invita ad andare a pranzo insieme ad alcuni amici famosi. ◯

2. Mentre sta scrivendo su una panchina, Lucilla conosce un uomo. Poco dopo lui va via. Lascia però un biglietto dove invita la ragazza ad andare a trovarlo il giorno dopo. Quando si rivedono, Lucilla ammira una scultura strana nello studio dell'uomo e scopre che lui è Umberto Boccioni. Boccioni la invita ad andare a pranzo con lui da Marinetti e Lucilla accetta con emozione. ◯

3. Nei giardini di Porta Venezia una ragazza, Lucilla, conosce Umberto Boccioni. I due parlano per poco tempo, poi l'uomo se ne va. Sulla panchina lascia un biglietto in cui invita Lucilla a vedere le sue sculture. Il giorno dopo la ragazza va nello studio dell'uomo e scopre che lui è amico di Marinetti. Allora gli chiede se può conoscerlo e così i due vanno a pranzo alla Ca' Rossa. ◯

4. Lucilla conosce un uomo ai giardini di Porta Venezia. Poco tempo dopo l'uomo va via. Le lascia però l'indirizzo del suo studio e la invita ad andare a trovarlo. Il giorno dopo si rivedono e Lucilla nota una foto sul muro dello studio: ci sono Marinetti e Umberto Boccioni. Allora la ragazza capisce che anche l'uomo è un futurista e che lui e i due della foto sono amici. Lucilla e il futurista decidono di andare a pranzo con Boccioni e Marinetti. ◯

APPUNTI DI STORIA DELL'ARTE

Il manifesto del Futurismo

Nel 1909 Marinetti, il fondatore del movimento futurista, decide di pubblicare su *Le Figaro*, il più importante giornale di Parigi, il primo Manifesto futurista, una lista di pensieri e volontà del movimento.

LE FIGARO

Ecco alcuni punti fondamentali:

- Noi vogliamo cantare l'amor[1] del pericolo, l'abitudine all'energia [...]
- Il coraggio, l'audacia[2], la ribellione, saranno elementi essenziali della nostra poesia.
- Noi vogliamo distruggere i musei, le biblioteche, le accademie d'ogni specie [...]

È dall'Italia che noi lanciamo per il mondo questo nostro manifesto di violenza [...] col quale fondiamo oggi il «Futurismo».

Negli anni seguenti i futuristi scrivono molti altri manifesti su vari argomenti: la musica, la letteratura, il teatro, la scenografia, la donna, ecc. Boccioni scriverà quelli sulla scultura e sulla pittura.

[1]amor: amore. • [2]audacia: grande coraggio.

2 • Magari! *Quando Boccioni le chiede se è una futurista, Lucilla gli risponde così. In questo caso però il suo* **magari** *non significa* **forse***, né qualcosa di simile. Ha una funzione diversa. Quale?*

a. ☐ certamente
b. ☐ mi piacerebbe
c. ☐ mai

Ora leggi questi mini-dialoghi e segna solo quelli in cui **magari** *ha una funzione simile a quella del racconto.*

a. ▪ Conosci il movimento futurista? C'è una mostra bellissima a Milano, a Palazzo Reale... Ci andiamo domani?
• **Magari** lunedì prossimo? Domani scusami, ma non posso. ◯

b. ▪ C'è l'inaugurazione della personale su Boccioni stasera al Palazzo delle Esposizioni. Vieni?
• **Magari**... Adoro Boccioni. Però oggi devo lavorare fino a tardi, quindi non posso venire. ◯

c. ▪ I tuoi baffi assomigliano a quelli di Marinetti!
• **Magari**! Lui era veramente un uomo affascinante. ◯

d. ▪ Vorrei proporre agli studenti di comporre poesie futuriste. Forse si sentiranno più liberi di sperimentare...
• **Magari**! Bella idea. ◯

e. ▪ Perché secondo te Boccioni usava spesso la figura del cavallo?
• Non lo so... **Magari** era il suo animale preferito! ◯

LO SAI CHE...

Boccioni usava spesso la figura del cavallo nei suoi dipinti.
Amava moltissimo questo animale, per lui simbolo della forza e della velocità dell'epoca moderna.
Ma sarà poi proprio questo animale la causa della sua morte.
Nel 1915, infatti, cade dalla sua cavalla e muore dopo poco tempo.

3 • Lucilla sta per scrivere quando... *In italiano* **stare per** + **infinito** *descrive un'azione che ci sarà tra pochissimo tempo, in un futuro molto vicino.*
Prova a completare le frasi abbinando gli strumenti della colonna A con le azioni della colonna B.

Quando un artista prende...

A		B
un martello e un pezzo di marmo		dipingere.
un pennello e una tela	sta per	disegnare.
una matita e un foglio		scolpire.

Ora guarda questi disegni e trova la frase adatta.

1.

2.

3.

4.

a. Boccioni sta per sedersi sulla panchina con Lucilla. ◯
b. Lucilla sta per scrivere sul suo quaderno. ◯
c. Lucilla sta per bussare allo studio di Boccioni. ◯
d. Lucilla e Boccioni stanno per uscire dallo studio. ◯

4 • Che ne pensi? *Boccioni usa questa espressione per sapere cosa pensa Lucilla della sua scultura. In questo caso il* **ne** *non è legato a una quantità, ma sostituisce l'argomento in discussione: la scultura di Boccioni.*

Ora leggi queste frasi e seleziona solo quelle che hanno il **ne** *con una funzione simile a quella nel racconto.*

a. Mi racconti qualcosa sulla famosa Ca' Rossa di Marinetti? Io non **ne** so niente... ◯

b. Guarda questo ritratto della madre fatto da Boccioni... Che **ne** dici? Ti piace? ◯

c. Amo collezionare libri sul Futurismo. **Ne** ho tantissimi! ◯

d. Quante copie di *Forme uniche della continuità nello spazio* ci sono? Io **ne** ho viste solo due. ◯

e. Mia nonna da giovane conosceva una poetessa futurista. Si chiamava Lucilla. **Ne** parla sempre volentieri perché erano molto amiche. ◯

APPUNTI DI STORIA DELL'ARTE

Le Avanguardie

Il Futurismo non è il solo movimento artistico dei primi anni del Novecento.
In questo periodo sono molti gli artisti in Europa che si riuniscono in gruppi, ognuno con il proprio manifesto e il proprio programma per cambiare completamente le regole dell'arte.
Sono le Avanguardie, ognuna con caratteristiche diverse, ma tutte con lo stesso forte bisogno di liberare l'arte ed eliminare il passato.
Tra le più importanti del periodo di Boccioni ci sono il Cubismo, il Costruttivismo e il Dadaismo.

In questi giorni sono ossessionato dalla scultura! Credo di aver visto una completa rinnovazione di quest'arte mummificata[1].

[1]mummificata: vecchia, senza più vita, come una mummia

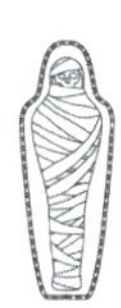

SCULTURA: I MATERIALI TRADIZIONALI

IL BRONZO

IL MARMO

IL LEGNO

LA PIETRA

LA CERAMICA

IL GESSO

5 • Qual è il materiale? *Leggi le frasi e completale scegliendo il materiale giusto.*

bronzo | ceramica | gesso | legno | marmo | pietra

a. Le scene create da Scamozzi al Teatro Palladio sono fatte principalmente di _______________.

b. Il Gigante su cui ha lavorato Michelangelo era di _______________.

c. La scultura del racconto nello studio di Boccioni è di _______________.

d. Le statue dell'antica Grecia che hanno resistito di più nel tempo sono in _______________, un metallo molto pesante e resistente.

e. Il Colosseo è stato costruito usando soprattutto due tipi di _______________: il marmo e il travertino.

f. Oggi possiamo ancora ammirare meravigliosi vasi di _______________ che ci descrivono abitudini e storie della Grecia più antica.

SCULTURA: I MATERIALI DI OGGI

LA STOFFA

LA CORDA

LA CARTA

IL VETRO

E poi... oggi gli artisti creano sculture proprio con tutto!

LA GOMMA

IL NASTRO ADESIVO

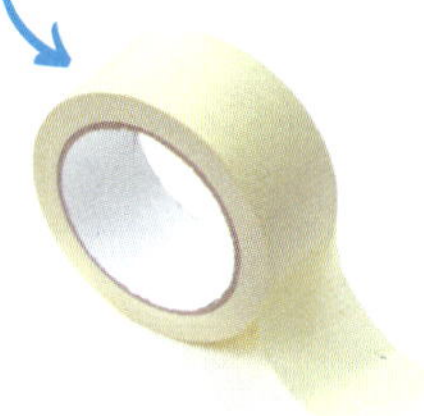

LE GRAFFETTE

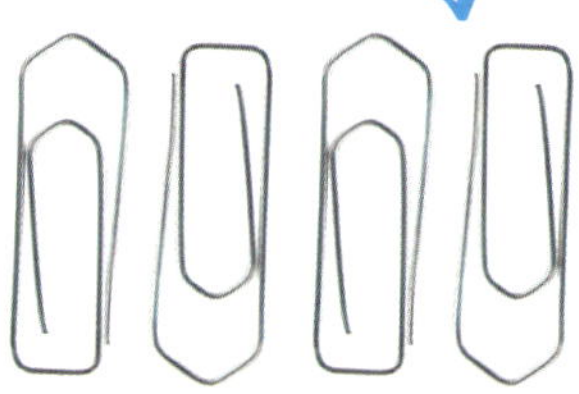

IL FERRO

LE BOTTIGLIE DI PLASTICA

LE LATTINE

... e tanto altro. La libertà nel creare non ha limiti!

6 • Con cosa lo ha fatto? *Guarda queste sculture e prova a capire con quale materiale le hanno create.*

plastica | legno | gomma (x2) | ferro

a. ____________________________

b. ____________________________

c. ____________________________

e. ____________________________

d. ____________________________

LE PAROLE DEL FUTURISMO

Boccioni e gli altri futuristi decidono di scrivere dei testi ufficiali (i Manifesti) per comunicare al mondo la loro volontà di cambiamento e di forte rottura con la tradizione e con il passato.

Queste sono alcune parole chiave del Futurismo.

FUTURO
PROGRESSO
CITTÀ
FABBRICA

AEREO
MOTORE
RUMORE
MACCHINA

VELOCITÀ
DINAMISMO
MOVIMENTO

LIBERTÀ
CORAGGIO
FORZA
LUCE

GUERRA
LOTTA
RIVOLUZIONE

7 • Contrario! *Abbina le parole contrarie, come nell'esempio.*

a. velocità	b. futuro	c. luce	d. rumore	e. guerra	f. coraggio	g. forza
1. paura	2. debolezza	3. lentezza	4. passato	5. ombra	6. pace	7. silenzio

Sai che esiste un museo all'interno della casa di uno dei maggiori esponenti del futurismo? Vai a Rovereto e visita la **Casa Depero**. Qui camminerai tra le bizzarre architetture della casa e scoprirai dipinti, disegni, collage, mobili, giocattoli e altri oggetti realizzati da Fortunato Depero dai primi anni del Novecento fino agli anni Cinquanta.

Titolo: Forme uniche della continuità nello spazio
Autore: Umberto Boccioni
Data: 1913
Tecnica: scultura
Altezza: 126,4 cm
Ubicazione: l'originale in gesso è al Museo di Arte Contemporanea di San Paolo in Brasile. Sono presenti molte copie realizzate in bronzo dopo la morte dell'artista.
In Italia la più famosa è a Milano, al Museo del Novecento.

BREVE ANALISI

SOGGETTO Una figura sta camminando con forza nello spazio. Ha alcune caratteristiche dell'essere umano e altre che ricordano una macchina.
DESCRIZIONE La scultura sembra diversa ad ogni sguardo, perché le sue linee e i volumi concavi e convessi danno l'impressione di cambiare continuamente forma. Se si osserva tutta la figura, si può notare un movimento generale su se stessa, che ricorda una spirale. Vista di fronte le forme concave sono più evidenti e sembrano abbracciare lo spazio. La parte inferiore è molto più sviluppata e infatti la forza del movimento parte dai muscoli dei glutei, delle gambe e dei polpacci. Le braccia e il viso non esistono e questo sembra dare al movimento una maggiore concentrazione e intensità.
COMMENTO Per Boccioni l'arte tradizionale riesce a raccontare solo il momento. Ma nella realtà non si può fermare il tempo.
Tutto è in continuo movimento. E per questo sono molto importanti per il lavoro dei futuristi le cronofotografie di Muybridge, dove si cerca di rappresentare il dinamismo con una serie di immagini.

Boccioni in questa scultura cerca di fare un passo in più: rappresentare in un'unica figura il movimento delle forme, la loro continuità nello spazio.
Quest'opera nasce in gesso ma negli anni, dopo la morte dell'artista, si realizzano molte copie in bronzo. L'opera non è più una sola, diventa di tutti e si può ripetere.
Sono i primi passi verso la Pop Art.

UMBERTO BOCCIONI

Reggio Calabria 1882 – Verona 1916

1. Non è solo pittore e scultore. È anche curatore di mostre, critico d'arte e *performer*. Scrive articoli, saggi, diari e anche un romanzo quando è molto giovane.
2. Ha un legame molto forte con la madre e infatti i ritratti di lei sono davvero tantissimi.
3. Ha molti amori. Uno dei più importanti è sicuramente quello segreto con la contessa Vittoria Colonna che scopre la morte del suo amante leggendo i giornali la mattina dopo l'incidente.
4. Vuole distruggere le tradizioni artistiche del passato, ma non nasconde la passione e l'infinita ammirazione che ha per Michelangelo.
5. Oggi non abbiamo quasi nessuna delle sue sculture perché l'artista Piero da Verona, che doveva conservarle dopo la sua morte, le ha distrutte tutte con un martello!

ITINERARI D'ITALIA

Per conoscere gli artisti e le opere del movimento futurista vai al MART!
È il Museo di Arte moderna e contemporanea di Rovereto e Trento, due città del Nord, vicine alle Alpi. Potrai ammirare dipinti, manifesti pubblicitari, sculture e altri oggetti creati dagli artisti del movimento.
Un vero viaggio alle origini del Design!

GLOSSARIO VISUALE

L'ANFITEATRO

grande costruzione all'aperto a forma di ellisse

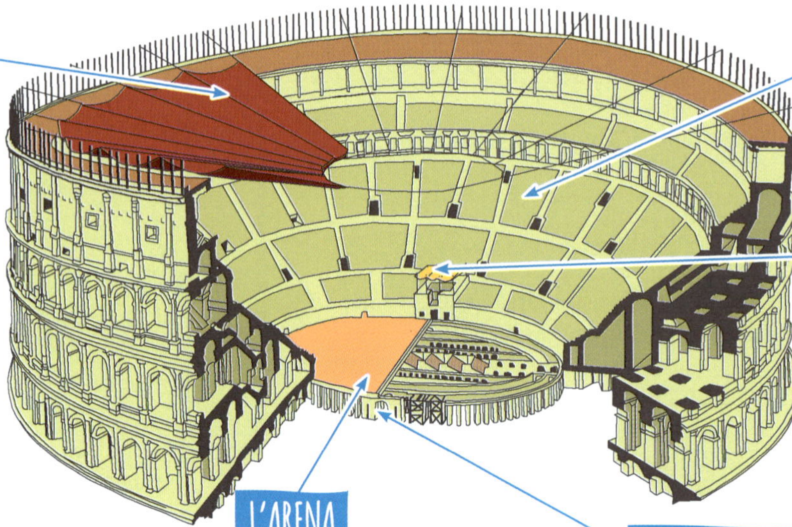

IL VELARIO

tende per riparare i teatri e gli anfiteatri dal sole (in latino *velarium*)

LA CAVEA

gradinate per il pubblico nei teatri e negli anfiteatri

IL PULVINAR

tribuna imperiale nei teatri, negli anfiteatri e nei circhi

L'ARENA

spazio per gli spettacoli al centro di teatri, anfiteatri e circhi

I SOTTERRANEI

spazi sotto all'arena

ALTRE ARCHITETTURE

IL TEATRO

costruzione all'aperto per gli spettacoli teatrali (la sua forma è la metà di un anfiteatro)

Teatro Marcello

IL CIRCO

grande costruzione all'aperto per la corsa dei cavalli

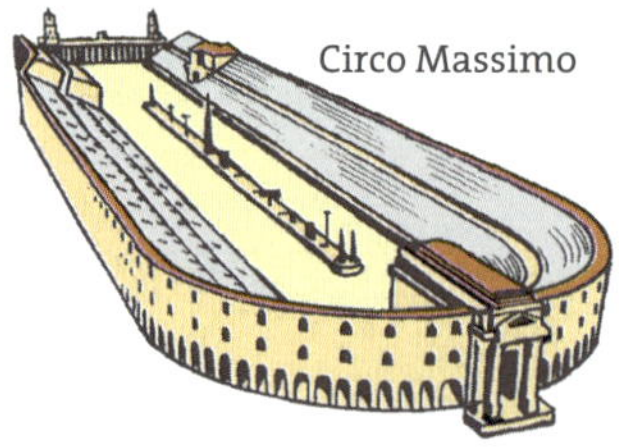

Circo Massimo

LE TERME

edifici pubblici per fare il bagno, rilassarsi e curare il corpo con l'acqua termale – sorgenti naturali di acqua calda

Terme di Caracalla

LA BASILICA

grande edificio che si apriva sul foro dove si facevano riunioni e si gestiva la giustizia

Basilica di Massenzio

IL TEMPIO

luogo sacro per le cerimonie e le preghiere dedicato a uno o più dèi

Pantheon

L'ACQUEDOTTO

sistema per la distribuzione dell'acqua in una zona della città

Acquedotto romano

GLI ELEMENTI ARCHITETTONICI

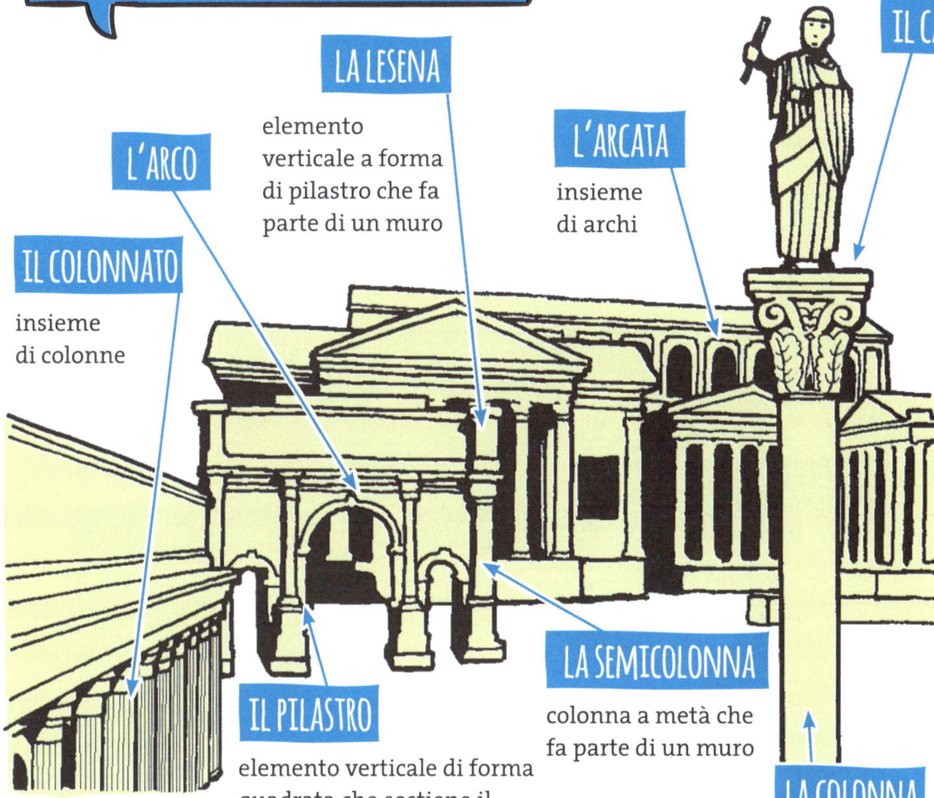

IL CAPITELLO DORICO

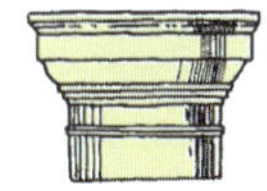

IL CAPITELLO IONICO

IL CAPITELLO CORINZIO

GLI ARCHI

L'ARCO A TUTTO SESTO

L'ARCO A SESTO RIBASSATO

L'ARCO A SESTO ACUTO

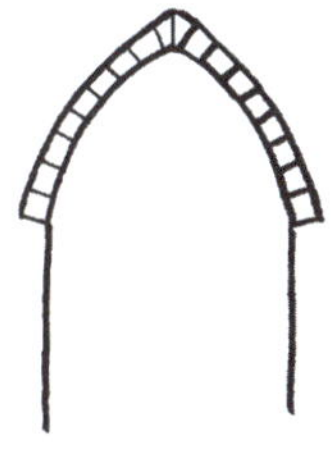

LE VOLTE

LA CUPOLA

LA VOLTA A BOTTE

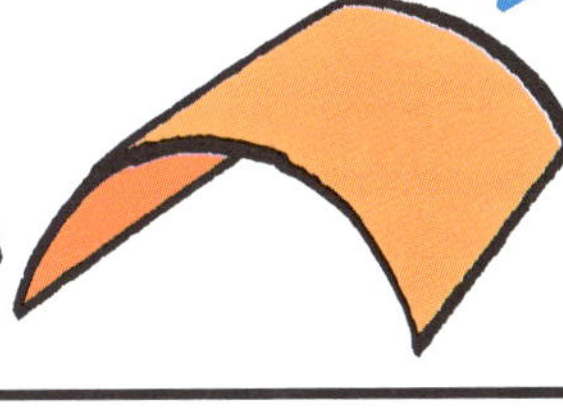

LA VOLTA A PADIGLIONE

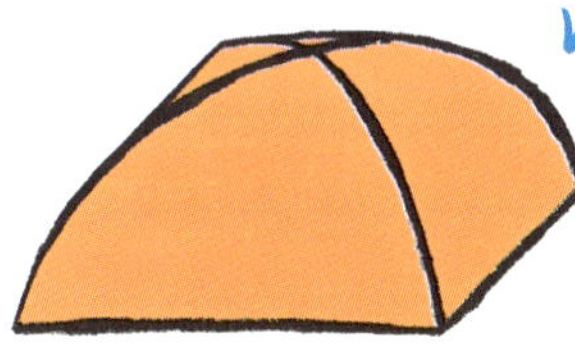

LA VOLTA A CROCIERA

LA PROSPETTIVA

La prospettiva nei dipinti compare per la prima volta nel Duecento con le opere di Giotto.
Poi, nel primo Rinascimento, Brunelleschi sviluppa con più precisione le sue leggi.
Leon Battista Alberti, Piero della Francesca e poi Leonardo – con la prospettiva aerea (vedi capitolo 4, pagina 47) – sono gli altri tre importanti protagonisti della storia della prospettiva.

LA PROSPETTIVA
tecnica per dare profondità nello spazio a un'immagine (un disegno, un dipinto, un affresco, ecc.)

LA GEOMETRIA
parte della matematica che studia le figure nello spazio

Gli elementi principali della geometria sono:

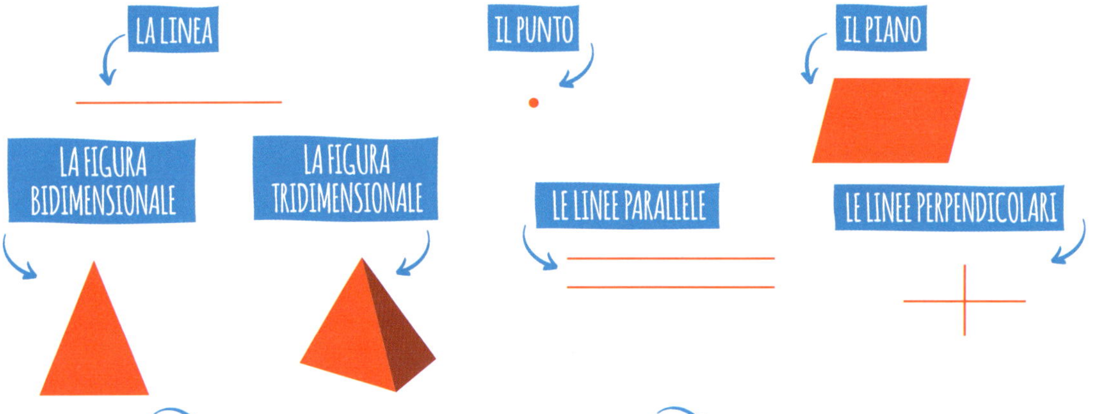

PROPORZIONATO
ha le misure giuste per essere in armonia con gli altri elementi

SPROPORZIONATO
non ha le misure giuste per essere in armonia con gli altri elementi

Quando è a Milano alla corte di Ludovico il Moro[1], dopo una terribile epidemia di peste, Leonardo lavora alla ristrutturazione della città. La sua città ideale però è più funzionale di quella degli altri urbanisti rinascimentali: tra le varie novità ci sono la divisione della città su due livelli, una rete di canali sotterranei e un sistema fognario[2].

Il dipinto "La città ideale" è uno dei simboli del Rinascimento, con tutte le leggi della **prospettiva lineare**. Osserva con attenzione il dipinto.

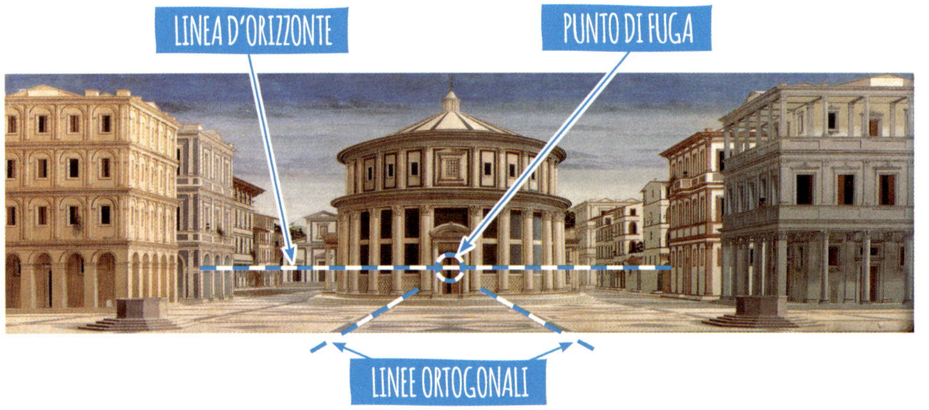

Titolo: La città ideale
Autore: sconosciuto
Data: 1480 – 1490
Tecnica: tempera su tavola
Dimensioni: 460x880 cm
Ubicazione: Urbino, Galleria Nazionale delle Marche
Committente: Federico da Montefeltro

[1] Ludovico il Moro: Ludovico Sforza, detto "il Moro", Signore di Milano • [2] sistema fognario: sistema per eliminare gli scarichi di acqua sporca dalle case

DESCRIVERE GLI ELEMENTI NELLO SPAZIO

DI FRONTE A...

è **di fronte al** quadro

DI FIANCO A...

è **di fianco al** quadro

DAVANTI A...

è **davanti al** quadro

DIETRO

è **dietro** il quadro

SOPRA

è **sopra** il quadro

SOTTO

è **sotto** il quadro

DENTRO

è **dentro** il quadro

GLI STRUMENTI DEL PITTORE

prima della realizzazione del dipinto

LO SCHIZZO

disegno veloce per fissare le prime idee generali dell'opera

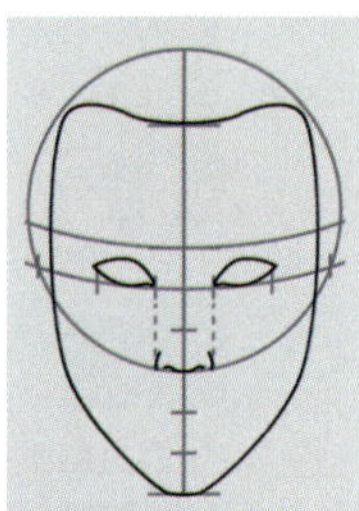

L'ABBOZZO / IL BOZZETTO

disegno più preciso dell'opera (sono ancora possibili dei cambiamenti)

IL MODELLO

disegno definitivo dell'opera

IL BLOCCO

LA MATITA

IL FOGLIO

IL CARBONCINO

per la realizzazione del dipinto

LA TELA[1]

IL CAVALLETTO

I PENNELLI

LA TAVOLOZZA

LA CORNICE

[1]tela: si usa anche con il significato di dipinto (come quadro).

LE TECNICHE PITTORICHE

L'ACQUERELLO

pittura con colori diluiti in acqua

L'AFFRESCO

pittura sul muro con l'intonaco ancora fresco

LA PITTURA A TEMPERA

pittura con colori mescolati insieme ad altri ingredienti (compresi l'uovo e la caseina)

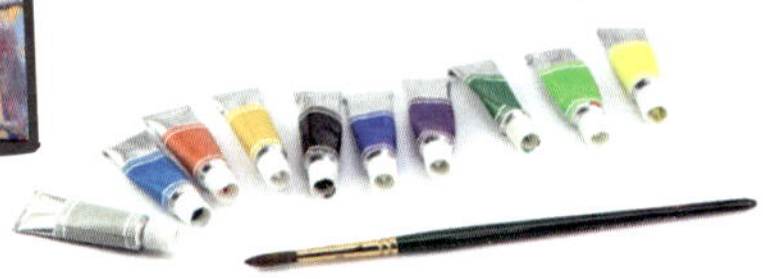

LA PITTURA A OLIO

pittura con colori mescolati con olio

IL VOLUME

la forma dei corpi nello spazio

IL CONTRASTO

l'opposizione tra due elementi

L'OMBRA

la proiezione di una forma scura per la presenza della luce dalla parte opposta

LA SFUMATURA

il cambio graduale di tonalità

IL CHIAROSCURO

la tecnica per dare volume e profondità a un'immagine creando le ombre e le luci

SCURIRE

rendere un colore più scuro

SCHIARIRE

rendere un colore più chiaro

SCOLPIRE IL MARMO (PRIMA PARTE)

LA PREPARAZIONE

si realizza un modello in gesso

PRIMA FASE

LA SBOZZATURA

si toglie il grosso della materia in base alle caratteristiche del modello

GLI STRUMENTI

IL MARTELLO

LO SCALPELLO A TAGLIO

LA SUBBIA

SECONDA FASE

LA LAVORAZIONE

si lavora il marmo seguendo il modello

GLI STRUMENTI

LA GRADINA

TERZA FASE

LA LEVIGATURA

si rende più lucida e liscia la superficie del marmo

GLI STRUMENTI

LA RASPA

LA LIMA

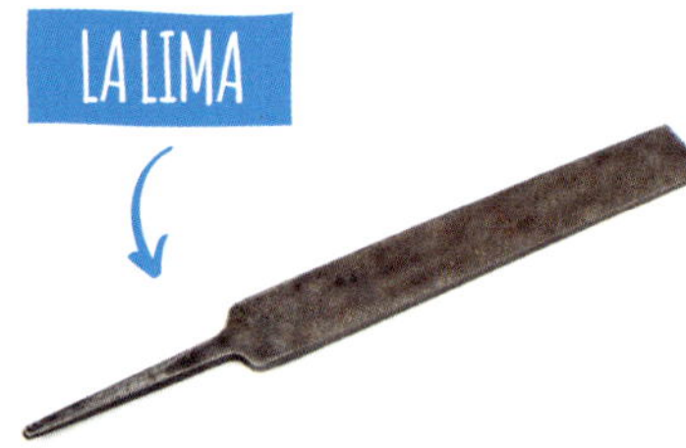

SCOLPIRE IL MARMO (SECONDA PARTE)

LE FORME

IL BUSTO

scultura a tutto tondo solo della parte superiore di una figura umana

LA STATUA

scultura di una figura completa a tutto tondo (cioè realizzata per intero, sia davanti che dietro)

IL GRUPPO SCULTOREO

gruppo di statue che formano una sola opera

LA STATUA EQUESTRE

scultura a tutto tondo di una figura umana su un cavallo

IL RILIEVO

scultura frontale che viene fuori solo in parte da un piano

L'ALTORILIEVO

la scultura viene fuori molto dal piano

IL BASSORILIEVO

la scultura viene fuori poco dal piano

I COLORI

COLORI PRIMARI

sono i colori base per formare tutti gli altri colori

ROSSO BLU GIALLO

COLORI SECONDARI

si formano con l'unione di due colori primari

VERDE giallo + blu

ARANCIONE rosso + giallo

VIOLA rosso + blu

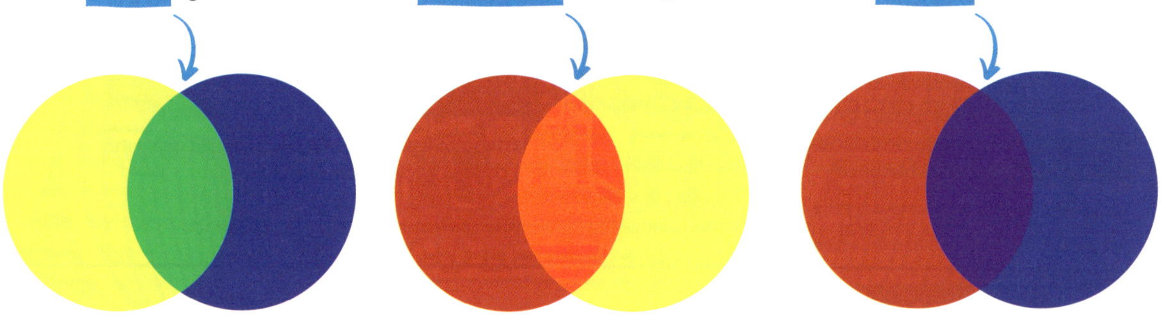

COLORI TERZIARI

si formano con l'unione di un colore primario (P) e di un colore secondario (S)

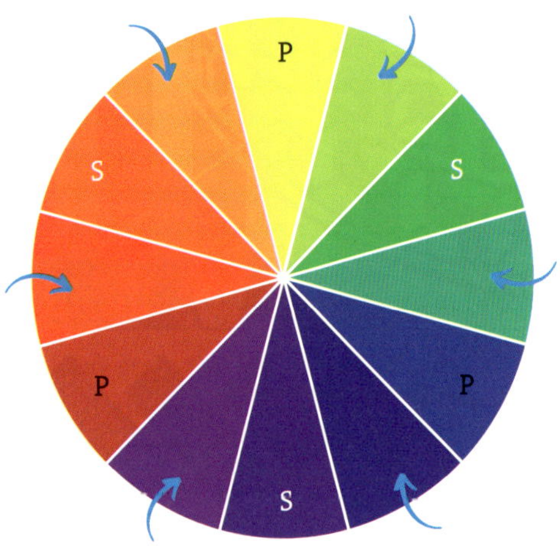

COLORI COMPLEMENTARI

hanno la posizione opposta nel cerchio cromatico (per esempio: rosso e verde / viola e giallo)

COLORI FREDDI E COLORI CALDI

Come ha teorizzato Louis Turenne all'inizio del Novecento, i colori hanno un effetto sulle nostre emozioni. La prima differenza è quella tra colori caldi (che ricordano quindi la luce, il sole, il fuoco, ecc.) e i colori freddi (legati alla notte, all'acqua, al cielo, ecc.)

LE QUALITÀ DEI COLORI

Un colore può essere...

OPACO

LUCIDO

CHIARO

SCURO

DEBOLE / SPENTO / SMORTO

FORTE / ACCESO / VIVACE

TENDENTE A...

quando un colore ha una sfumatura che va verso un altro colore si dice che è tendente a quel colore.
Per esempio, questo è un blu tendente al viola.

HA UNA TONALITÀ...

il livello di intensità di un colore si chiama tonalità.
Per esempio, queste sono alcune tonalità di verde.

GLI ELEMENTI DI ARTE SACRA

PITTURA E SCULTURA

LA PALA

grande tavola con un soggetto religioso (dipinto o scolpito)

IL DITTICO

pala composta da due tavole

IL TRITTICO

pala composta da tre tavole

IL POLITTICO

pala composta da più di tre tavole

IL CROCIFISSO (O CROCEFISSO)

rappresentazione della figura di Gesù sulla croce. Può essere un dipinto o una scultura.

ARCHITETTURA

IL TABERNACOLO

piccola struttura architettonica con dentro immagini e oggetti sacri

L'ALTARE

tavolo, spesso in pietra o in marmo, per il rito religioso

L'ABSIDE

parte finale della chiesa

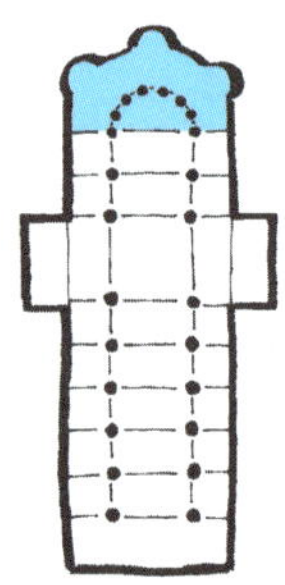

IL PRESBITERIO

spazio attorno all'altare

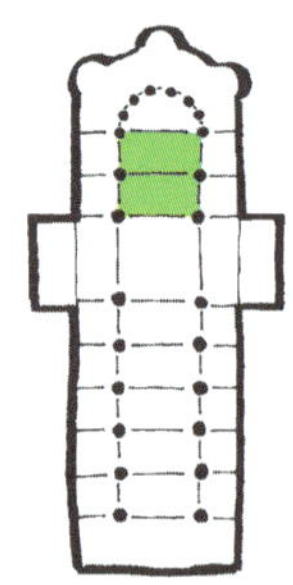

IL BAROCCO

Alla fine del XVII secolo, la parola *barocco* indica lo stile strano e irregolare delle architetture e delle arti nel Seicento a Roma. All'inizio si pensa soprattutto al contrasto tra questo stile troppo ricco e l'equilibrio perfetto delle forme classiche. Solo nel Novecento *barocco* perde il suo significato negativo e diventa il simbolo di una rivoluzione stilistica di tutte le arti: non solo quindi pittura, scultura e architettura, ma anche poesia e soprattutto musica. Proprio in questo periodo nasce l'Opera.
Le forme principali del Barocco in architettura vogliono imitare la natura: l'acqua, il fuoco, i fiori, ecc.

LA SPIRALE

L'ELLISSE

IL CERCHIO

LE SUPERFICI CONCAVE E CONVESSE

LA VOLUTA

L'ARABESCO

LA CHIESA BAROCCA

Un esempio: Sant'Agnese in Agone
Questa chiesa, uno dei più famosi esempi del Barocco è il risultato del lavoro di molti artisti.

FUORI...

Il progetto della facciata è stato realizzato da Borromini, anche se i campanili e altre parti sono stati modificati dalla nuova direzione di Carlo Rainaldi: lui e il padre Girolamo sono tra i più importanti architetti (oltre a Borromini e Bernini) del Seicento romano.

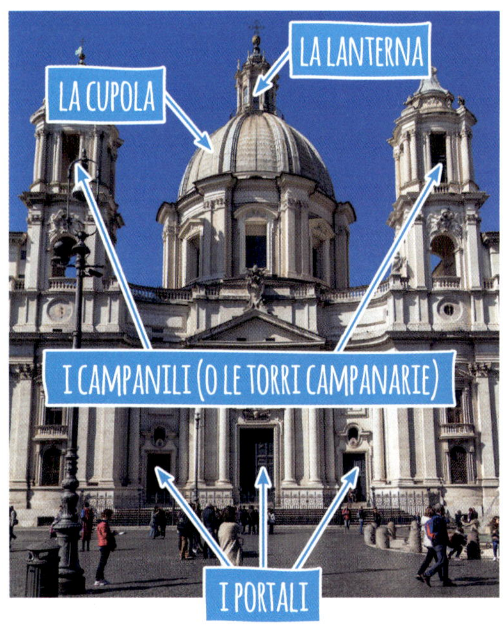

...E DENTRO

L'interno della chiesa, con la tipica pianta a croce greca, presenta sculture, rilievi e altre opere architettoniche di vari artisti, ma il lavoro di finitura è stato affidato a Bernini. Oro, marmi policromi, illusioni prospettiche, forme irregolari, giochi di luce... è il trionfo del Barocco!

LA PIANTA A CROCE GRECA

LA PIANTA A CROCE LATINA

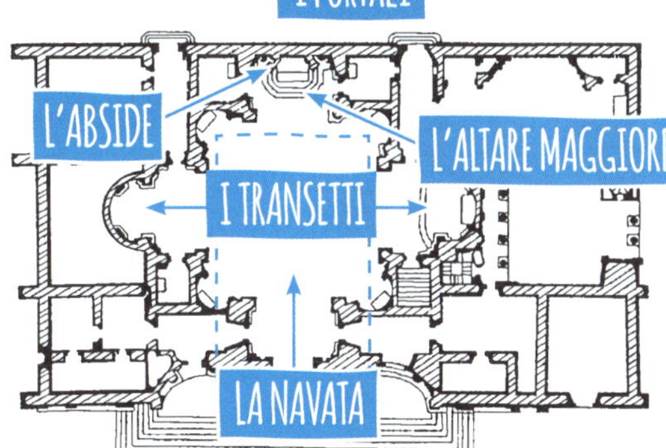

GLOSSARIO VISUALE

SCULTURA: I MATERIALI TRADIZIONALI

IL BRONZO

IL MARMO

IL LEGNO

LA PIETRA

LA CERAMICA

IL GESSO

SCULTURA: I MATERIALI DI OGGI

LA STOFFA

LA CORDA

LA CARTA

IL VETRO

E poi… oggi gli artisti creano sculture proprio con tutto!

LA GOMMA

IL NASTRO ADESIVO

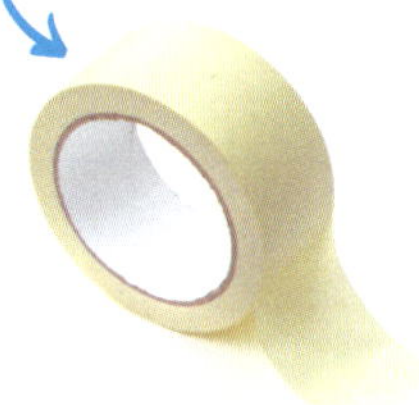

LE GRAFFETTE

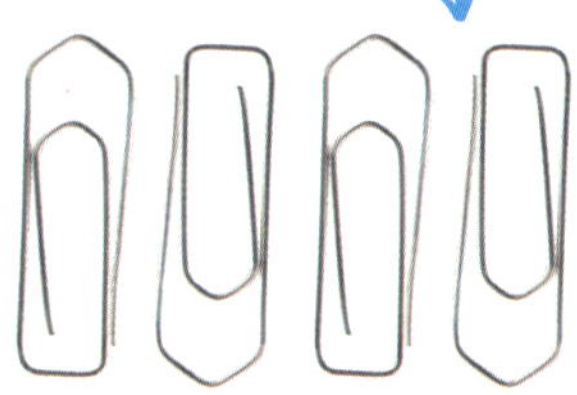

IL FERRO

LE BOTTIGLIE DI PLASTICA

LE LATTINE

… e tanto altro. La libertà nel creare non ha limiti!

SITI INTERESSANTI, MUSEI E TOUR VIRTUALI

1. IL PRIMO GIORNO DEL COLOSSEO	raicultura.it	*Arte – La storia del Colosseo*
	raiplay.it	*Colosseo, la nascita di un mito*
	focus.it	*Una giornata al Colosseo*
2. UN INCONTRO AD ARTE	pinacotecabrera.org	*La sacra conversazione in tour virtuale*
	raiplay.it	*Museo Italia: Piero della Francesca*
	arttrip.it	*La sacra conversazione di Piero della Francesca*
3. PARLA LA PRIMAVERA	uffizi.it	*IperVisioni: #BotticelliSpringMarathon*
	artsandculture.google.com	*La Primavera in tour virtuale*
	raiplayradio.it	*Museo nazionale: La primavera di Botticelli*
4. ULTIMA CENA... DI NOTTE!	raiplay.it	*La vita di Leonardo da Vinci*
	ovovideo.com	*L'ultima cena*
	liberliber.it	*Leonardo da Vinci*
5. LA VITA NELLA MATERIA	raiplay.it	*Visionari: Michelangelo Buonarroti*
	intoscana.it	*La rivalità tra Leonardo e Michelangelo e la disputa sul David*
	museivaticani.va	*La Cappella Sistina in tour virtuale*
6. AL TEATRO OLIMPICO CON...	raiplay.it	*La città di Vicenza e le ville del Palladio nel Veneto*
	teatrolimpicovicenza.it	*La storia*
	raiplayradio.it	*Le meraviglie: Villa Rotonda*
7. EFFETTO CARAVAGGIO	raiplay.it	*La vera natura di Caravaggio*
	agi.it	*Cosa si sa del furto della Natività del Caravaggio a Palermo, 50 anni dopo*
	radio24.ilsole24ore.com	*Il falco e il gabbiano: Caravaggio. Vita Sacra e Vita Profana del Pittore della Luce*
8. ARTISTA: GENERE FEMMINILE	raicultura.it	*Artemisia Gentileschi raccontata da Elisabetta Rasy*
	artsandculture.google.com	*Artemisia: Giuditta che decapita Oloferne*
	raiplayradio.it	*Vite che non sono la tua: Quello che le artiste non dicono*
9. TEATRO VERSUS CINEMA	raiplay.it	*La libertà di Bernini*
	earth.google.com	*Piazza Navona in tour virtuale*
	imalpensanti.it	*Borromini, riflessioni sull'addio*
10. APPUNTAMENTO CON IL FUTURO	youtube.com	*Biblioteca nazionale braidense – Conferenza su Umberto Boccioni*
	arte.it	*FORME UNICHE DELLA CONTINUITÀ NELLO SPAZIO*
	it.wikisource.org	*I Manifesti del futurismo*
E POI...	architempore.com	*Art in Italia: 10 tappe da non perdere*
	artuu.it	corsi gratuiti online sul mondo dell'arte
	calendariodelciboitaliano.it	*Il cibo nell'arte*
	ccsearch.creativecommons.org	archivio di opere e immagini per libero uso

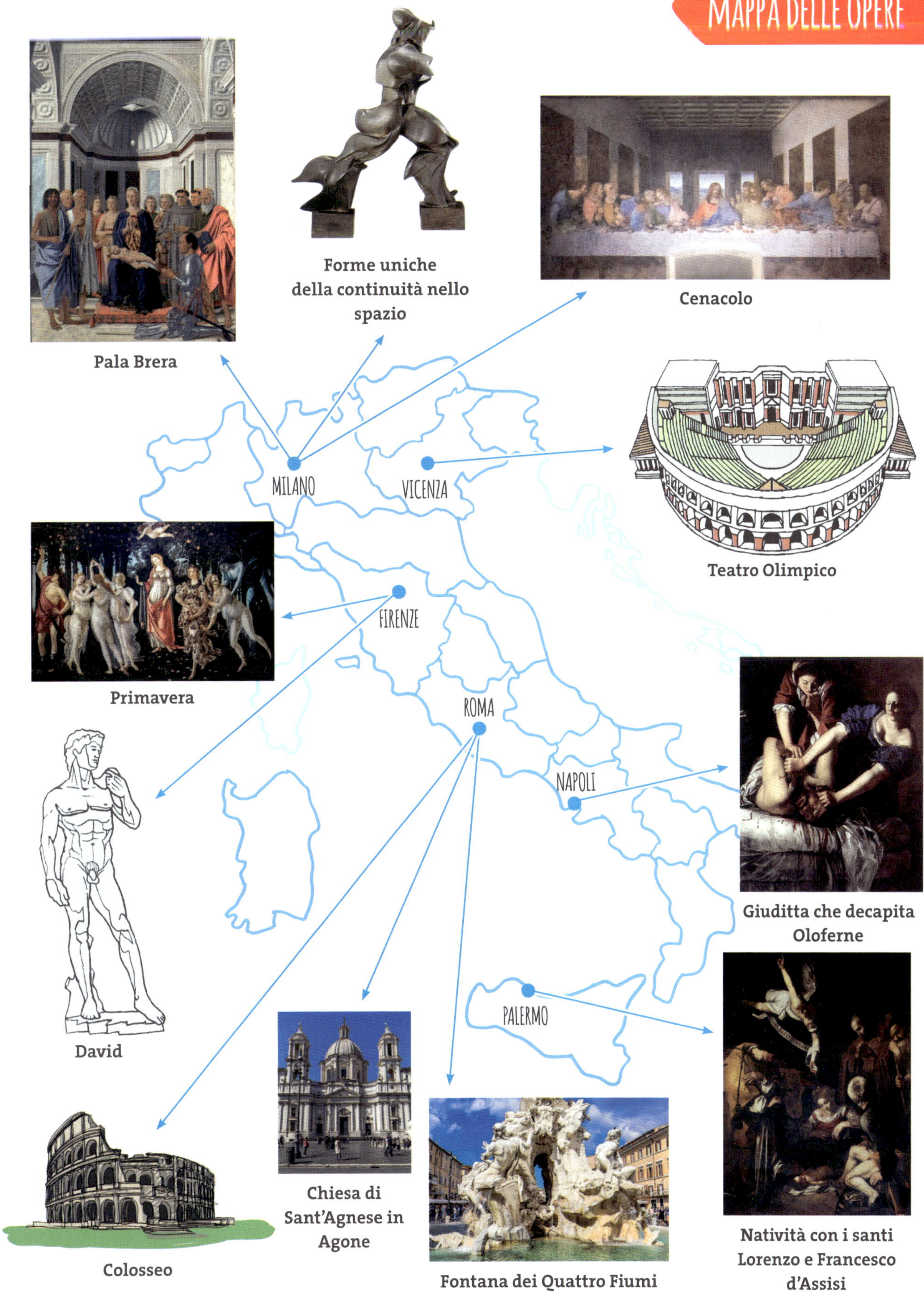
Pala Brera
Forme uniche della continuità nello spazio
Cenacolo
MILANO
VICENZA
Teatro Olimpico
Primavera
FIRENZE
ROMA
NAPOLI
Giuditta che decapita Oloferne
David
PALERMO
Nativita con i santi Lorenzo e Francesco d'Assisi
Colosseo
Chiesa di Sant'Agnese in Agone
Fontana dei Quattro Fiumi

LA LINEA DEL TEMPO | LE OPERE

LEONARDO DA VINCI
Vinci 1452 – Amboise 1519

Cenacolo
1495 – 1497

PIERO DELLA FRANCESCA
San Sepolcro 1416 circa – 1492

Pala Brera
1472 – 1474

0 — 700 — 1400 — 1500

Colosseo
72 – 80 d.C.

Primavera
1477 – 1482

SANDRO BOTTICELLI
Firenze 1445 – 1510

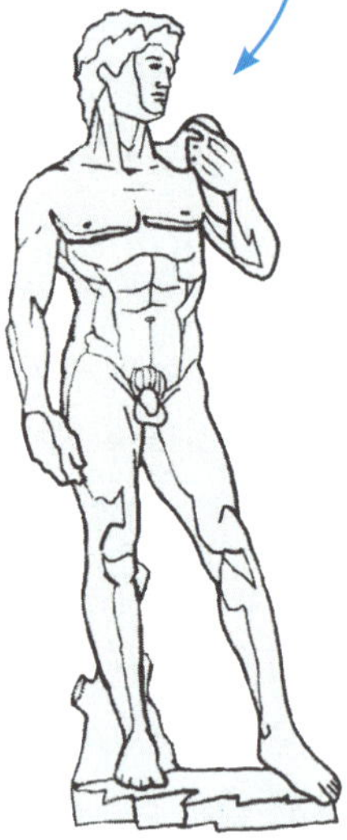

David
1501 – 1504

MICHELANGELO BUONARROTI
Caprese 1475 – Roma 1564

ARTEMISIA GENTILESCHI

Roma 1593 – Napoli 1654

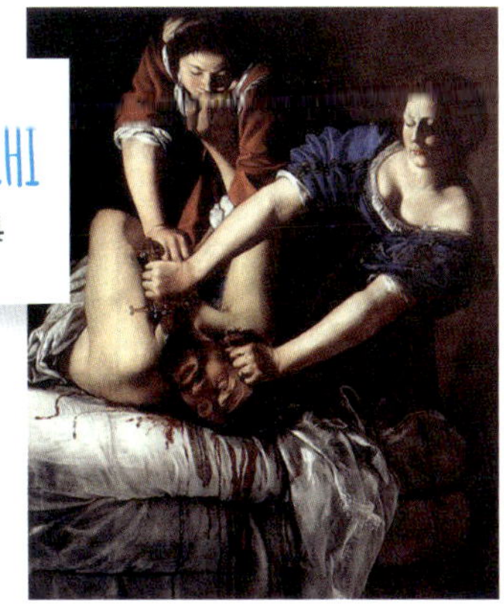

Giuditta che decapita Oloferne

1614 – 1620

FRANCESCO BORROMINI

Bissone 1599 – Roma 1667

Chiesa di Sant'Agnese in Agone

1653 – 1657

ANDREA PALLADIO

Padova 1508 – Maser (Treviso) 1580

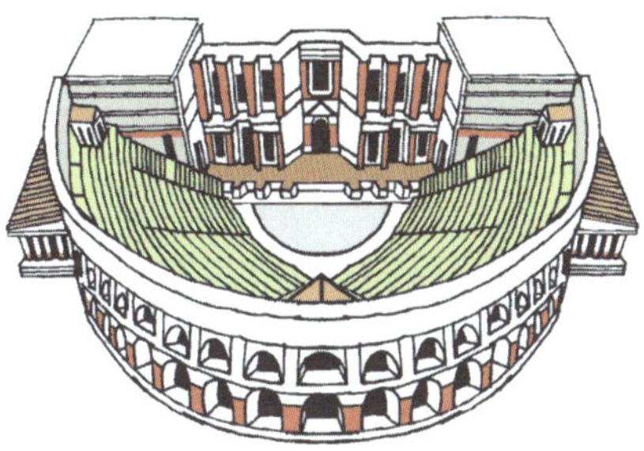

Teatro Olimpico

1580 – 1584

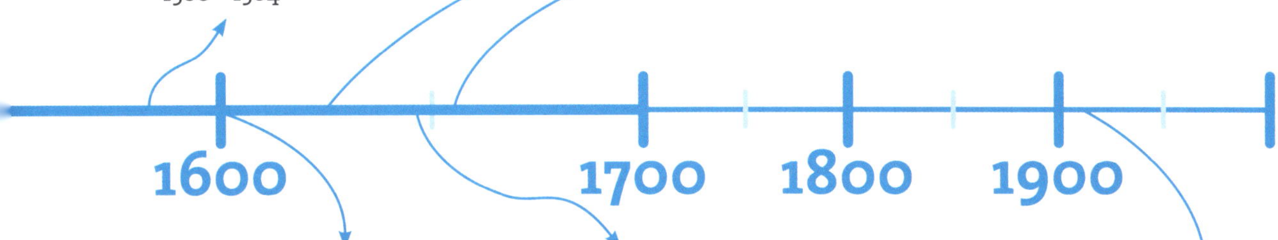

Natività con i santi Lorenzo e Francesco d'Assisi

1600 – 1601

CARAVAGGIO

Milano 1571 – ?Porto Ercole ?1610

Fontana dei Quattro Fiumi

1648 – 1651

GIAN LORENZO BERNINI

Napoli 1598 – Roma 1680

Forme uniche della continuità nello spazio

1912 – 1913

UMBERTO BOCCIONI

Reggio Calabria 1882 – Verona 1916

LA LINEA DEL TEMPO | GLI STILI ARCHITETTONICI

DAL MEDIOEVO ALL'OTTOCENTO

Sei pronto/-a? Apri Google Earth e inserisci per ogni corrente artistica l'esempio dato. Viaggerai lungo lo Stivale alla scoperta di luoghi meravigliosi.
E poi, se puoi... vieni a vederli da vivo!

- BIZANTINO
- ROMANICO
- GOTICO
- RINASCIMENTALE
- MANIERISTA
- BAROCCO
- NEOCLASSICO
- NEOGOTICO

Campanile di Santa Maria del Fiore
(Firenze)
1230 – 1359

Basilica di Sant'Apollinare in classe
(Ravenna)
532 – 549

Cattedrale della Madonna della Bruna e Sant'Eustachio
(Matera)
1230 – 1270

400 500 600 700 800 900 1000 1100

Chiesa di San Paolo dentro le Mura
(Roma)
1873 – 1880

NEOGOTICO

Basilica di Santa Maria delle Carceri
(Prato)
1489 – 1495

NEOCLASSICO

BAROCCO

MANIERISTA

Basilica di Santa Croce
(Lecce)
1546 – 1646

RINASCIMENTALE

GOTICO

Palazzo Te
(Mantova)
1524 – 1534

Basilica di San Francesco da Paola
(Napoli)
1816 – 1846

ROMANICO

BIZANTINO

1300 1400 1500 1600 1700 1800 1900 2000

SOLUZIONI

1. IL PRIMO GIORNO DEL COLOSSEO

1. 1/a | 2/b | 3/a | 4/b | 5/a | 6/a | 7/b | 8/a | 9/a | 10/b
2. a. commosso | b. distratta | c. furioso | d. sorpreso | e. spaventati | f. disperati | g. entusiasta
3. 1/b | 2/a | 3/d | 4/c
4. anfiteatro, domus aurea, costruzione, area, struttura, colosso, ingresso
5. a. marmo | b. tufo | c. laterizio
6. a. lesene | b. pilastri | c. semicolonne
7. ellisse, facciata, arcate, parete, arena, pilastri, semicolonne, lesene, capitelli, capitelli, capitelli, statua, attico, scudi, velarium, scale, corridoi, cavea
8. Caligola → prima metà del I secolo d.C. | Nerone → seconda metà del I secolo d.C. | Adriano → prima metà del II secolo d.C. | Marco Aurelio → seconda metà del II secolo d.C. | Caracalla → prima metà del III secolo d.C. | Diocleziano → prima metà del III secolo d.C. | Costantino I → prima metà del IV secolo d.C.
9. a. Teatro Marcello | b. Circo Massimo | c. Terme di Caracalla | d. Basilica di Massenzio | e. Pantheon | f. Acquedotto Romano

2. UN INCONTRO AD ARTE

1. 4
2. a. Ehi Carla!, Fammi sapere quando possiamo vederci per un caffè, Baci baci / 3 | b. Salve, Vorrei sapere se è possibile incontrarla per chiederle, La ringrazio e buona giornata / 2 | c. Buonasera Signor De Povis, Spero vivamente di poterla incontrare presto, Cordiali saluti / 1
3. a. l'uovo | b. ad Alessandra | c. a Carlotta | d. i bozzetti | e. al professore | f. ai galleristi | g. alle amiche
4. ero, portava, guardavo, preparava, prendeva, iniziava, Aveva, vedevo, disegnava, diceva, mi sentivo, andavamo
5. è andata, È stata, eri, ero, c'erano, è stata
6. AUTORE: Piero della Francesca | TITOLO: La Sacra conversazione con la Madonna col bambino, sei santi, quattro angeli e il donatore Federico da Montefeltro | DATA: 1472 circa | TECNICA: tempera a olio su tavola | DIMENSIONI: 248 x 170 cm | UBICAZIONE: Milano, Pinacoteca di Brera
7. a. San Girolamo | b. quattro angeli | c. Madonna | d. San Francesco d'Assisi | e. San Bernardino da Siena | f. San Pietro martire | g. San Giovanni Battista | h. San Giovanni Evangelista | i. Gesù Bambino | l. Federico da Montefeltro
9. a. abside | b. rosette | c. conchiglia | d. uovo
10. a. designer | b. architetto | c. pittore | d. illustratore | e. scultore | f. restauratore | g. fotografo

3. PARLA LA PRIMAVERA

1. a/1 | b/8 | c/3 | d/7 | e/5 | f/2 | g/6 | i/4 | m/9. *Le frasi sbagliate sono:* h, l.
2. a. pochi colori | b. pochi personaggi | c. troppi colori | d. tanti / molti personaggi
3. a. tanti | b. troppo | c. poche | d. molto | e. tante
4. a/4 | b/2 | c/3 | d/1 | e/5
5. a/5 | b/4 | c/1 | d/2 | e/3
6. a. TAVOLOZZA | b. CORNICE | c. CAVALLETTO | d. TELA | e. MATITA | f. PENNELLO
7. *L'autoritratto di Botticelli è l'uomo a destra che guarda verso di noi.*

8. Al centro, sopra, in primo piano, sulla destra, sulla sinistra, Di fianco, Alle spalle, Sotto

4. ULTIMA CENA... DI NOTTE!

1. V: b, d, e, f, h, i, m | F: a, c, g, l, n
2. a. dura | b. mancano | c. mancano, Manca | d. dura | e. Mancano | f. è durato | g. mancano
3. c
4. a. ci conto | b. ci spero | c. ci riesco | d. ci provo | e. Ci credo | f. ci penso
5. a. riesce | b. potete | c. sanno | d. posso | e. riesco a | f. posso | g. sa
6. 1. Bartolomeo | 2. Andrea | 3. Pietro | 4. Tommaso | 5. Filippo | 6. (Giuda) Taddeo | 7. Giacomo Minore | 8. Giuda | 9. Giovanni | 10. Giacomo | 11. Matteo | 12. Simone
7. 1/c | 2/i | 3/b | 4/l | 5/n | 6/m | 7/a | 8/f | 9/g | 10/h | 11/d | 12/e
8. In primo piano, sullo stesso lato, Al centro, destra, sinistra, divisi in, è ambientata, in fondo, sullo sfondo, Sulle pareti laterali, nella mano destra / in mano, al suo fianco, è seduto, in mano / nella mano destra, Con il busto
9. prospettiva lineare, geometrie, piramide, lato, linea d'orizzonte, linee ortogonali, al centro, punto di fuga
10. a. linee ortogonali | b. linea d'orizzonte | c. punto di fuga
11. b, d, e, g, h, i, m

5. LA VITA NELLA MATERIA

1. a. sta camminando | b. un enorme pezzo | c. molta fretta | d. un blocco | e. vuole assolutamente | f. è già affidato | g. non sopporta la curiosità | h. non è contento | i. esporre il David il giorno prima della festa | l. un pensiero non sincero
2. a. alla fine | b. Finalmente | c. Alla fine
3. a. Michelangelo è anche un poeta: scrive versi su tutto, **persino** sulle fatiche della Cappella Sistina | b. Tutti ammirano la bellezza del David, **perfino** Leonardo, grande rivale di Michelangelo | c. **Persino** il Papa è sconvolto quando vede il Giudizio Universale per la prima volta | d. A quindici anni Michelangelo era già più bravo di tutti gli altri, **persino** del suo maestro, il Ghirlandaio | e. Michelangelo ha un carattere difficile e litiga con tutti, **perfino** con il Papa.
4. Scolpire, materia, marmo, modello, subbia, lavorazione, gradina, raspa / lima, lima / raspa, levigatura
5. corpo, braccio, gamba, braccio, gamba, spalla, mano, tallone, gamba, testa, fionda, narici, labbro
6. a. San Bartolomeo, Cristo Giudice, Creazione di Adamo, Sibilla Delfica | b. Pietà Rondanini | c. San Bartolomeo | d. Pietà Vaticana | e. Mosè

6. AL TEATRO OLIMPICO CON...

1. 1/c | 2/b | 3/b | 4/a | 5/a | 6/c | 7/b | 8/b | 9/c | 10/b
2. a. da | b. per | c. da | d. per | e. da | f. da | g. per | h. per
3. a. L'aveva progettata | b. L'ha realizzata | c. Li ha scritti | d. Le ha prese | e. L'hanno avuta | f. Le ha disegnate | g. Le ha costruite | h. L'hanno elaborata
4. a/S | b/C | c/C | d/S | e/S | f/C
5. scena fronte, porta regia, hospitalia, cavea
6. palchi, platea, quinte, palcoscenico, sipario, proscenio, fossa d'orchestra
7. a/LOGGIA | b/ORDINE COMPOSITO | c/SERLIANA | e/IONICO | f/TIMPANO
8. a. Basilica Palladiana | b. Villa Almerico Capra | c. Villa di Maser

7. EFFETTO CARAVAGGIO

1. 1/h | 2/b | 3/g | 4/d | 5/c | 6/f | 7/e | 8/a
2. a. sapevo | b. Ho saputo | c. hanno saputo | d. sapevo | e. ha saputo
3. a. Che bellezza! | b. Che pace... | c. Che brutta! | d. Che bontà! | e. Che traffico! | f. Che sfortuna! | g. Che strana!
   Nella frase n° 3, il ***che*** *è simile a quello nella*

*frase "***che meraviglia***" del racconto.*

4. a. che è disteso a terra | b. che è seduta con lo sguardo triste | c. che parla con il frate col cappello | d. che porta una veste gialla | e. che ascolta San Giuseppe | f. che ha le corna | g. che prega | h. che vola sopra Gesù
5. chiaroscuro, schiarisce, contrasto, ombra, sfumature, volume
6. a. Ragazzo morso da un ramarro | b. Davide con la testa di Golia | c. Vocazione di San Matteo | d. Morte della Vergine

8. ARTISTA: GENERE FEMMINILE

1. V: b, c e, g, i, l, m | F: a, d, f, h
2. a/CRITICO D'ARTE | b/CURATORE | c/STORICO DELL'ARTE| d/MERCANTE D'ARTE | e/GALLERISTA | f/RESTAURATORE
3. *Le frasi in cui il futuro non ha funzione temporale sono:* a, d, f.
4. Meno, minore, più, più, meno, meno
5. 1/b | 2/d | 3/a | 4/c
6. a. spenti, vivaci | b. scuro, chiaro | c. tendente al | d. lucide, opache

9. TEATRO VERSUS CINEMA

1. 1/c | 2/b | 3/b | 4/a | 5/b | 6/b | 7/b | 8/c | 9/a | 10/c
2. a. sta parlando | b. sta osservando | c. sta cercando | d. sta leggendo, sta uscendo | e. sta dicendo
3. a. Il modello della fontana è stato dato da Bernini alla "Pimpaccia" | b. Per un periodo, Borromini è stato scelto dal Papa per la facciata di Sant'Agnese | c. Nel 1644, il Papa Innocenzo X è stato eletto dalla Chiesa | d. Le statue della fontana di Bernini sono state scolpite da alcuni artisti importanti | e. Le ultime decorazioni dell'interno di Sant'Agnese saranno realizzate da Bernini | f. Le più importanti opere architettoniche del Seicento sono state progettate da Bernini e Borromini
4. Si fanno, si coltivano, si va, si vendono, Si celebrano, si naviga, si gioca
5. a. basilica | b. cattedrale | c. chiesa | d. abbazia
6. a. lanterna | b. altare maggiore | c. cupola | d. abside
7. Vasca, roccia, fiumi, continenti, Gange, Asia, Nilo, Africa, Rio de la Plata, America, Danubio, Europa, colomba, obelisco
8. a. Palazzo Pamphilj | b. Sant'Agnese in Agone | c. Fontana del Nettuno | d. Fontana del Moro | e. Fontana dei Quattro Fiumi

10. APPUNTAMENTO CON IL FUTURO

1. 2
2. b | *Le frasi in cui* **magari** *ha una funzione simile a quella del racconto sono:* b, c, d
3. Quando un artista prende un martello e un pezzo di marmo sta per scolpire | Quando un artista prende un pennello e una tela sta per dipingere | Quando un artista prende una matita e un foglio sta per disegnare
   a/2 | b/4 | c/1 | d/3
4. *Le frasi in cui il* **ne** *ha una funzione simile a quella del racconto sono:* a, b, e
5. a. legno | b. marmo | c. gesso | d. bronzo | e. pietra | f. ceramica
6. a. materiali di scarto | b. gomma | c. plastica | d. gomma | e. legno
7. a/3 | b/4 | c/5 | d/7 | e/6 | f/1 | g/2